AF618479

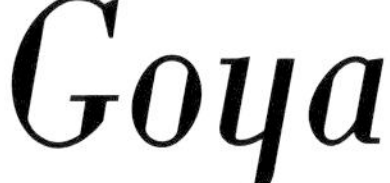
Goya

P. 1

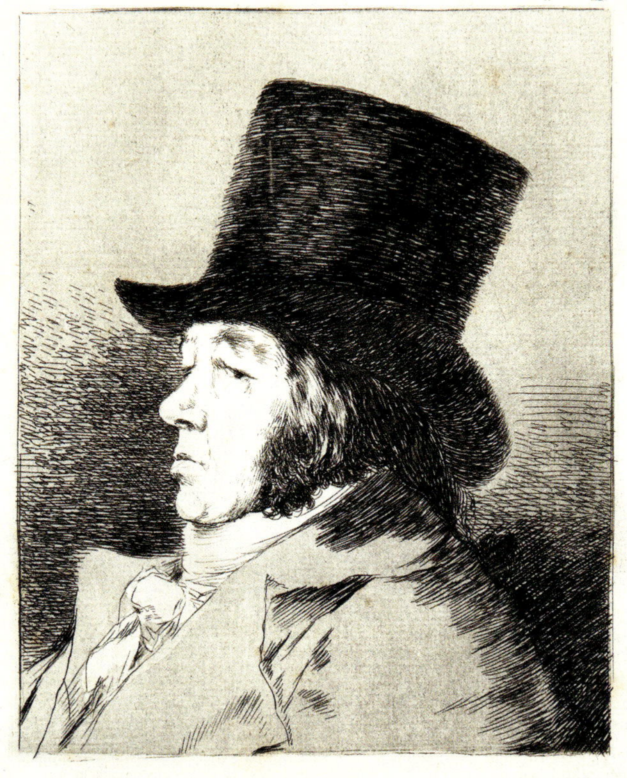

*Fran.co Goya y Lucientes,*
*Pintor*

# *Goya*

FONDATION
**BEYELER**

**HATJE
CANTZ**

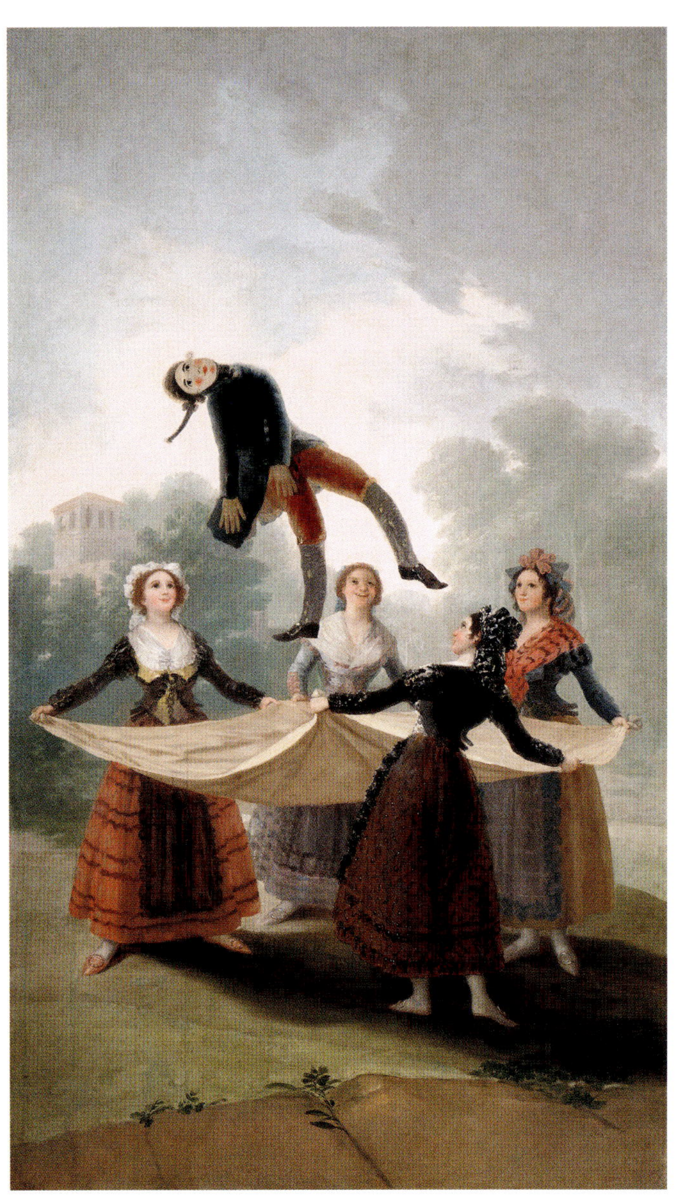

# Sommaire

# Goya
## À propos de l'exposition

Francisco de Goya y Lucientes (1746-1828) a déroulé dans son art le panorama complet de son temps, une époque marquée par de profonds bouleversements. Il fut le portraitiste des puissants aussi bien que celui des laissés-pour-compte de la société, des sans-droits, des infirmes et des gens réduits à la misère la plus noire. Goya fut le chroniqueur des événements contemporains, en même temps qu'un visionnaire qui sut faire surgir dans ses images fantastiques les univers du rêve et de l'imagination, en plongeant alors ses regards dans les ténèbres sans fond de l'âme humaine. Il s'employa avec une égale ardeur à la représentation des petites joies et des embûches du quotidien, des désastres de la guerre ou des créatures de sa fantaisie, sorcières, démons et autres monstres. À une époque où les certitudes de la religion et de la monarchie absolue de droit prétendument divin se mettent à vaciller sous les assauts des Lumières, Goya donne tout son éclat à la volonté individuelle et à l'affirmation de soi, dès lors que le sujet est livré à lui-même. Les moyens artistiques dont il dispose pour ce faire sont quasiment sans limites : peinture, dessin ou gravure, les inventions visuelles de Goya fraient des voies inédites, en témoignant de sa virtuosité technique et d'un inépuisable plaisir à innover et à expérimenter.

À considérer l'éminente place que Goya occupe dans l'histoire de l'art, on peut s'étonner que si peu d'expositions d'envergure lui aient été consacrées jusqu'ici dans l'espace germanophone. Mais il faut dire qu'il en a été longtemps ainsi de l'art espagnol en général – et de Goya en particulier, pour qui les collectionneurs d'Allemagne, d'Autriche ou de Suisse ne se sont guère entichés –, au contraire de ce qui s'est passé en France, où les liens historiques et politiques avec l'Espagne étaient bien plus étroits et où les impressionnistes, Édouard

Manet au premier chef, ont vu en Goya un précurseur des développements de l'art moderne. C'est à la Suisse qu'il est revenu de lui consacrer la première grande exposition dans le monde de langue allemande : en 1953, la Kunsthalle de Bâle faisait voir plus de trois cents œuvres de l'artiste espagnol, parmi lesquelles trente-neuf peintures. Quelques années seulement après la fin de la Seconde Guerre mondiale, Goya apparaissait comme le peintre du moment, dont les créations offraient aux survivants de nombreux points d'appui pour surmonter les traumatismes qu'ils avaient eux-mêmes vécus.

L'exposition de la Fondation Beyeler a l'ambition de montrer Goya « dans son entier », sous toutes ses facettes. En proposant un choix représentatif d'œuvres majeures, elle déplie le spectre intégral des genres picturaux auxquels l'artiste s'est voué, depuis les portraits et les scènes de genre jusqu'aux images à caractère religieux, en passant par la peinture d'histoire et la nature morte. À côté d'autoportraits saisissants, on découvrira ses portraits de la famille royale et de la haute noblesse, mais aussi ceux de ses amis et de ses proches, intellectuels et gens éclairés. Les « majas », les femmes du peuple, dont Goya s'attache à montrer le rôle qu'elles tiennent dans la société et leur passionnante relation aux hommes, forment un ensemble en soi. D'autres œuvres emmènent le visiteur sur les lieux d'infamie de l'Espagne de ce temps-là : sur les champs de bataille de la guerre d'indépendance, dans les prisons et les asiles de fous, devant les tribunaux de l'Inquisition. L'arène de la corrida est chez Goya le théâtre d'un plaisir ambigu, où les drames de l'existence humaine se jouent sous une forme condensée. De même, loin d'être des créations de pure fantaisie, détachées de tout rapport avec la réalité, ses « tableaux de sorcières » vibrent de l'esprit critique que le peintre y exerce doublement à l'endroit de la superstition et des chimères de la Raison contemporaine.

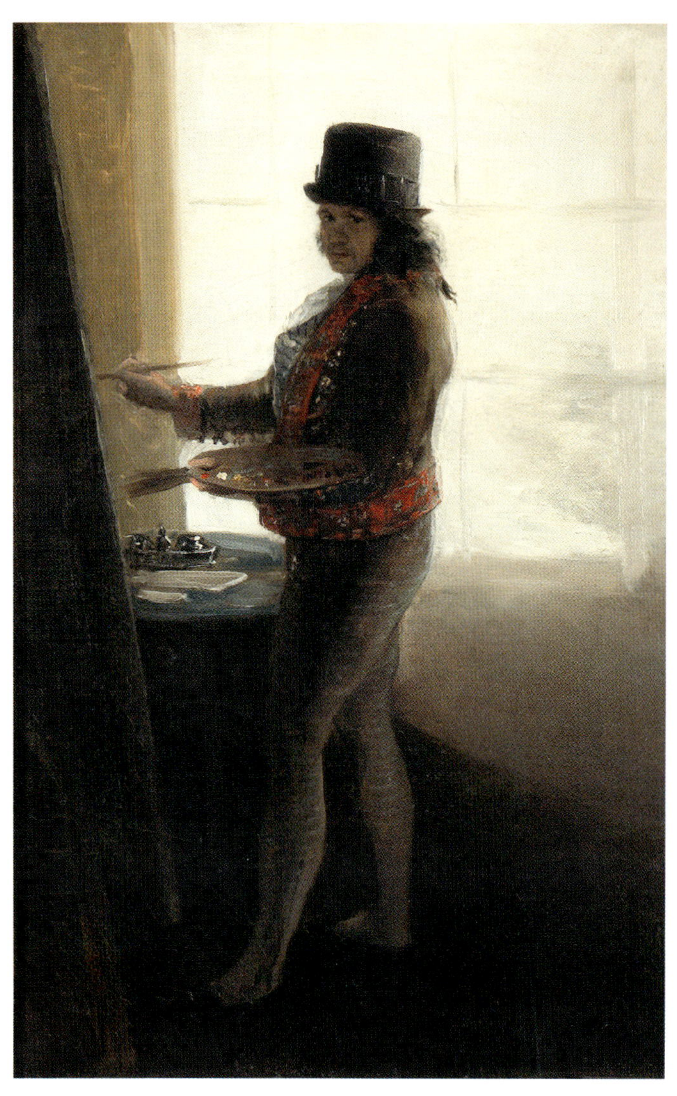

**Autoportrait devant le chevalet,** 1790-1795
Huile sur toile, 40 × 27 cm
Museo de la Real Academia de
Bellas Artes de San Fernando, Madrid

# 1775-1788
## Les débuts

Dans l'autoportrait qu'il réalise au début des années 1790, Goya se présente dans l'exercice de son métier, soucieux de se mesurer aux grands noms de sa corporation, Diego Velázquez ou Rembrandt. Nommé quelque temps plus tôt peintre de la cour, il avait trouvé sa place sur la scène artistique et pouvait caresser l'espoir de gravir encore quelques échelons vers le succès, après la décennie d'ascension régulière qui avait précédé.

À ce titre, l'année 1780 marque sans conteste un tournant dans la carrière artistique de Goya. S'il travaillait déjà depuis cinq ans comme dessinateur de cartons de tapisserie pour la cour royale de Madrid, ses ambitions obtiennent cette année-là leur première reconnaissance officielle, lorsqu'il est reçu à l'Académie royale des beaux-arts de San Fernando.

Avant cela, Goya, né le 30 mars 1746 dans le village aragonais de Fuendetodos, fils d'un maître doreur, avait pourtant dû subir maints revers. Sa formation auprès du peintre baroque José Luzán Martínez achevée, il se présente plusieurs fois en vain au concours de l'Académie de Madrid. En 1769, il décide alors de partir à Rome, où il séjournera deux ans. Au retour, Goya voit enfin les cercles artistiques s'ouvrir à lui grâce à l'appui du peintre de la cour Francisco Bayeu, dont il fut le bras droit pour la réalisation des fresques de la basilique du Pilar à Saragosse. En 1773, il épouse Josefa Bayeu, la sœur de son mentor.

Goya se fait rapidement une réputation de portraitiste dans les milieux les plus élevés de la cour. L'occasion d'administrer la preuve de sa maîtrise lui est offerte en 1783-1784 avec le portrait de groupe de l'Infant Don Luis de Borbón et de sa famille, qui réunit plus d'une douzaine de figures dans une pièce éclairée par une bougie : Don Luis, le frère du roi, est assis de profil à une table, à ses côtés se tient sa jeune épouse María Teresa de Vallabriga, somptueusement mise en scène. Le couple est entouré de ses enfants, de serviteurs et de courtisans. L'artiste se représente lui-même en train de peindre, dans la pénombre du premier plan sur la gauche : palette et pinceau en mains, il s'apprête à tracer les premiers contours sur la toile. À travers les multiples regards qui s'échangent entre les personnages, Goya déploie un jeu sophistiqué de rôles et de rapports sociaux auquel le spectateur ne reste pas extérieur. Encore une fois, c'est le grand modèle de Velázquez qui sert incontestablement ici d'étalon : avec ses *Ménines* de 1656, le peintre avait fixé le nouveau canon qui régirait désormais le genre du portrait des princes.

En 1786, Goya est enfin établi à la cour, où il est nommé peintre du roi. Ce poste ne lui vaut d'abord qu'un petit nombre de commandes, parmi lesquelles se distingue le portrait du monarque âgé de soixante-dix ans en costume de chasse : déjà légèrement courbé, Charles III y apparaît sous les traits d'un personnage moins autoritaire que bon enfant.

À cette même époque, Goya est engagé au service de l'une des familles les plus en vue de l'aristocratie espagnole : le duc d'Osuna et son épouse seront ses plus anciens et ses plus fidèles mécènes. Outre plusieurs portraits, Goya réalise à la demande des Osuna une série de sept peintures à sujet champêtre pour le cabinet de la duchesse. Empreintes de l'esprit poétique propre à la sensibilité de l'époque, les scènes racontent aussi les dangers quotidiens auxquels la vie était alors exposée. On y voit une diligence attaquée avec la dernière cruauté par des brigands, une femme désarçonnée par son âne, un garçonnet qui risque de se rompre le cou en grimpant à un mât de cocagne ou des hommes charriant un gigantesque bloc de pierre.

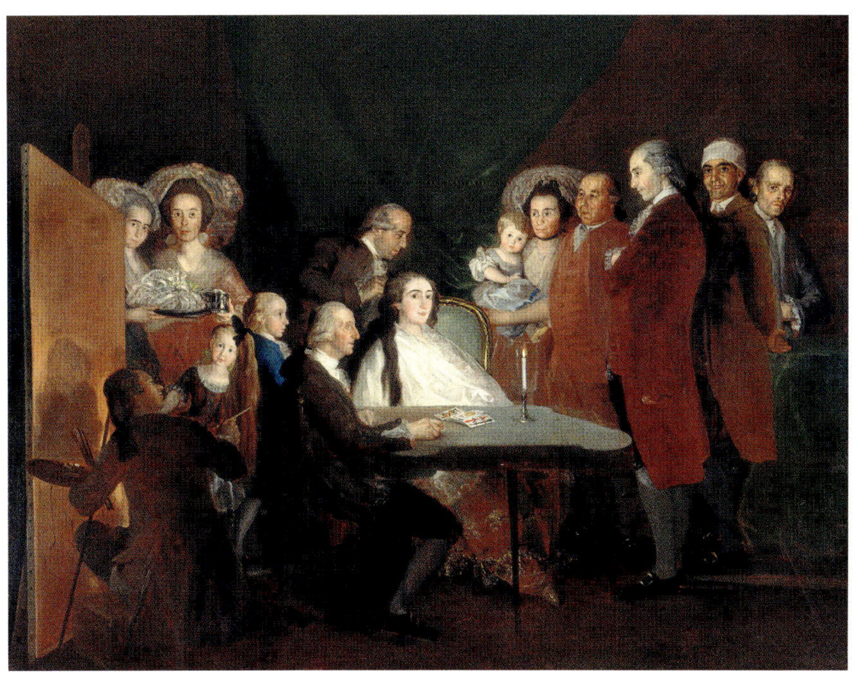

**La famille de l'Infant Don Luis de Borbón,** 1783-1784
Huile sur toile, 248 × 328 cm
Fondazione Magnani-Rocca,
Mamiano di Traversetolo, Parme

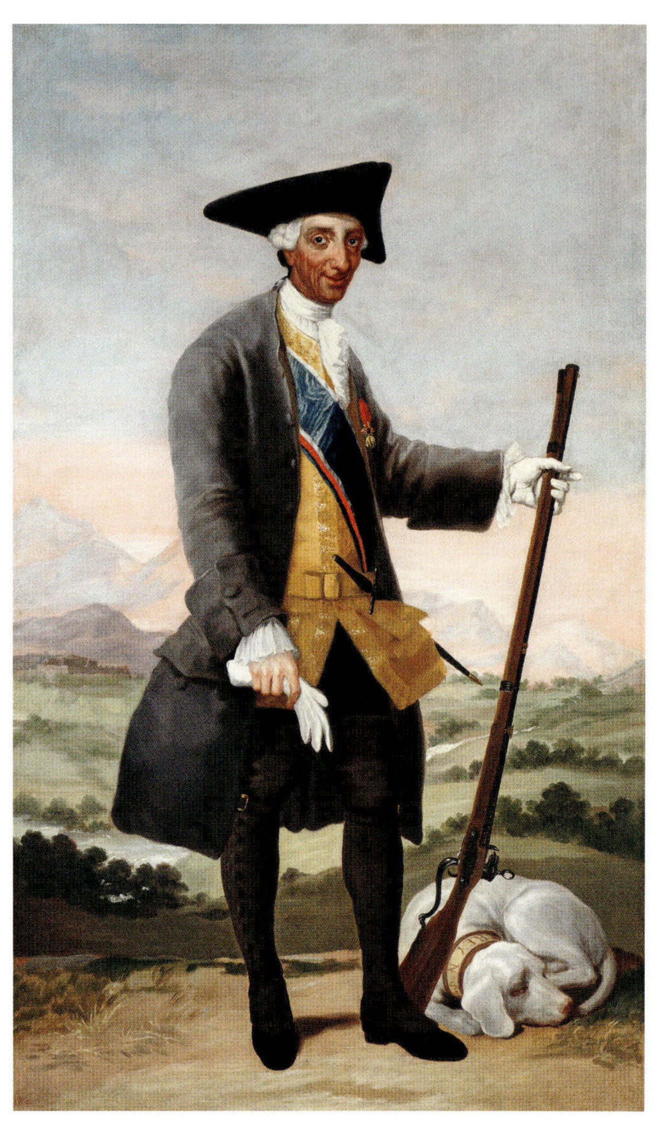

**Charles III en costume de chasse,** vers 1787
Huile sur toile, 207 × 126 cm
Museo Nacional del Prado, Madrid

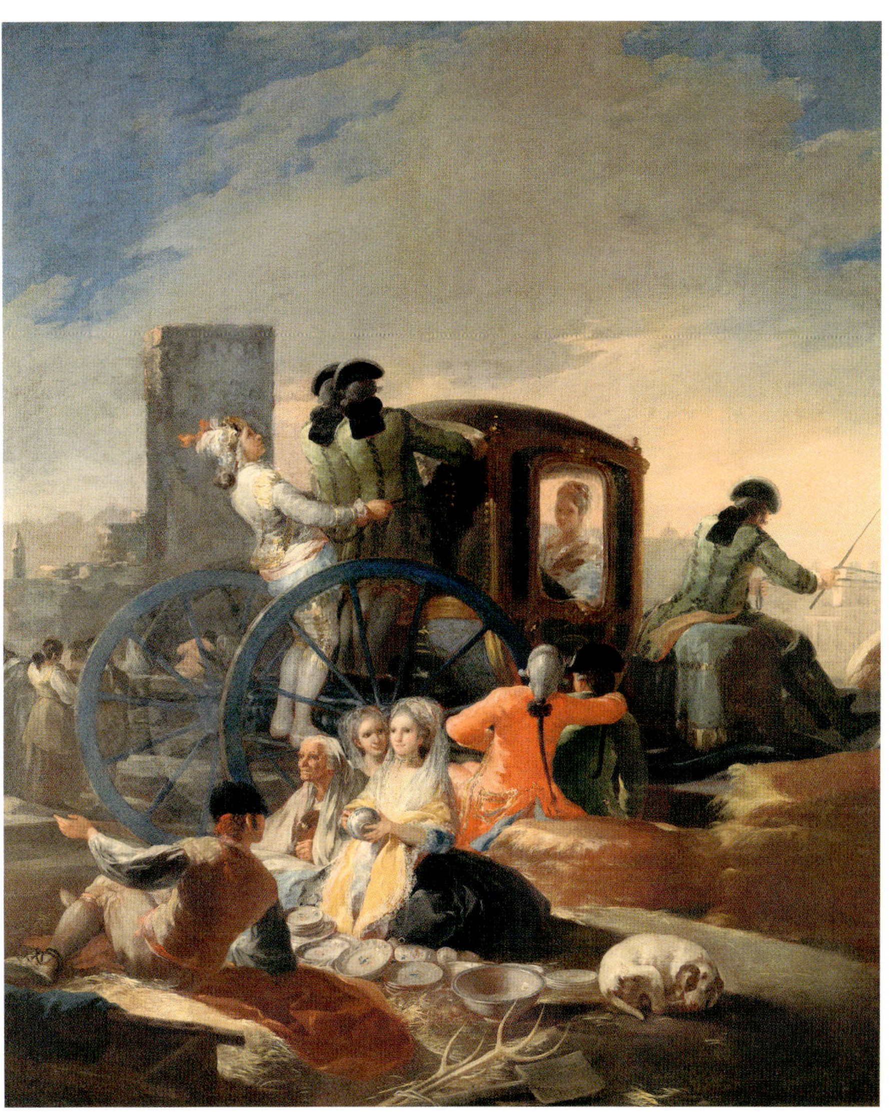

**Le marchand de vaisselle,** 1778-1779
Huile sur toile, 259 × 220 cm
Museo Nacional del Prado, Madrid

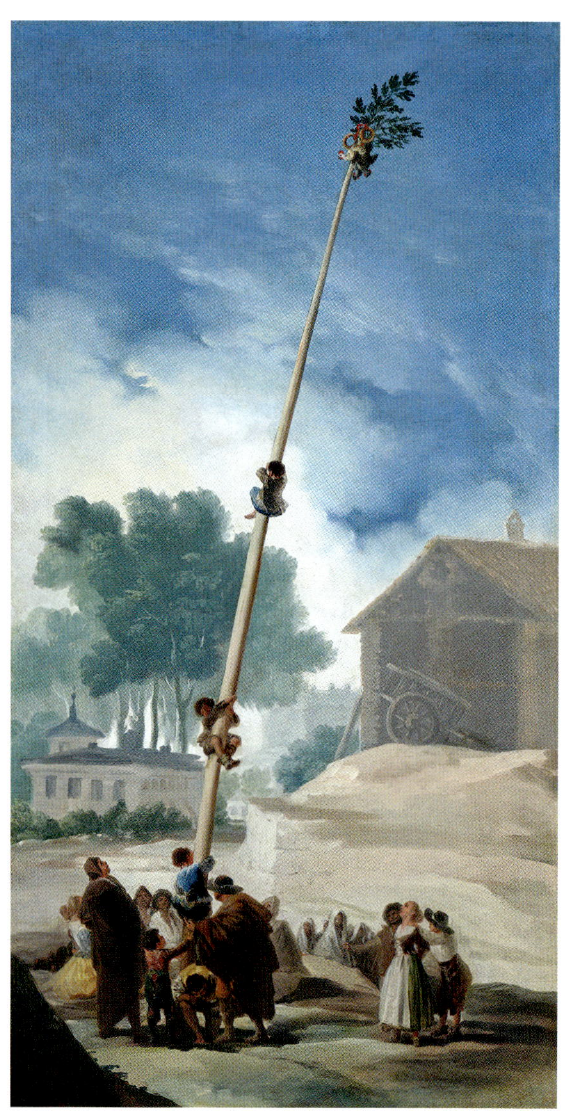

**Le mât de cocagne,** 1786-1787
Huile sur toile, 166 × 86 cm
Collection Abelló

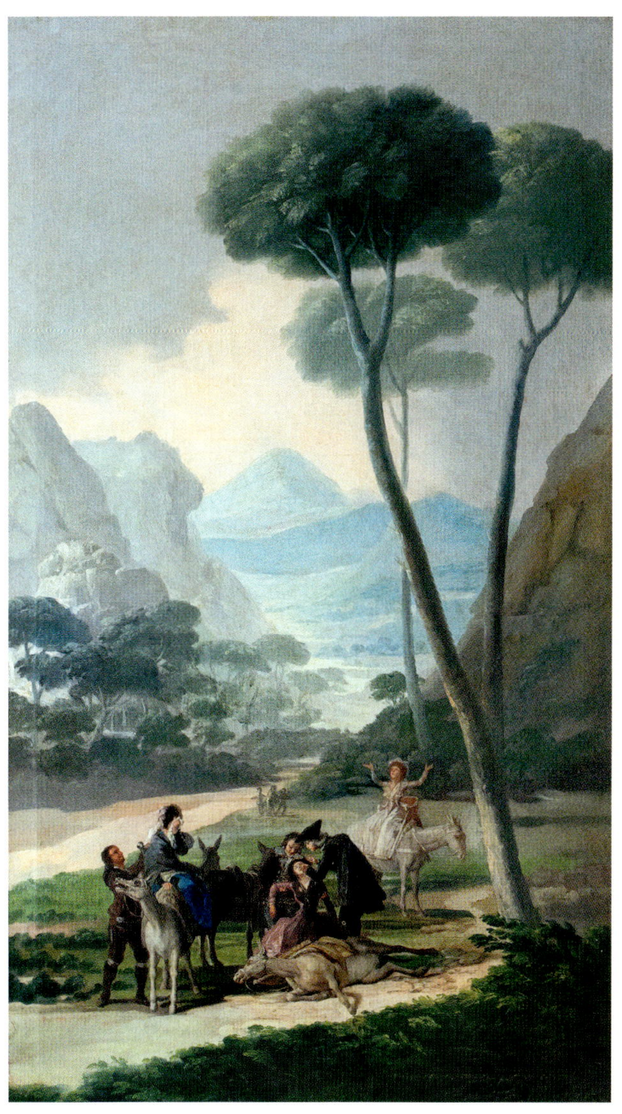

**La chute,** 1786-1787
Huile sur toile, 169 × 98 cm
Collection Esther Koplowitz, Madrid

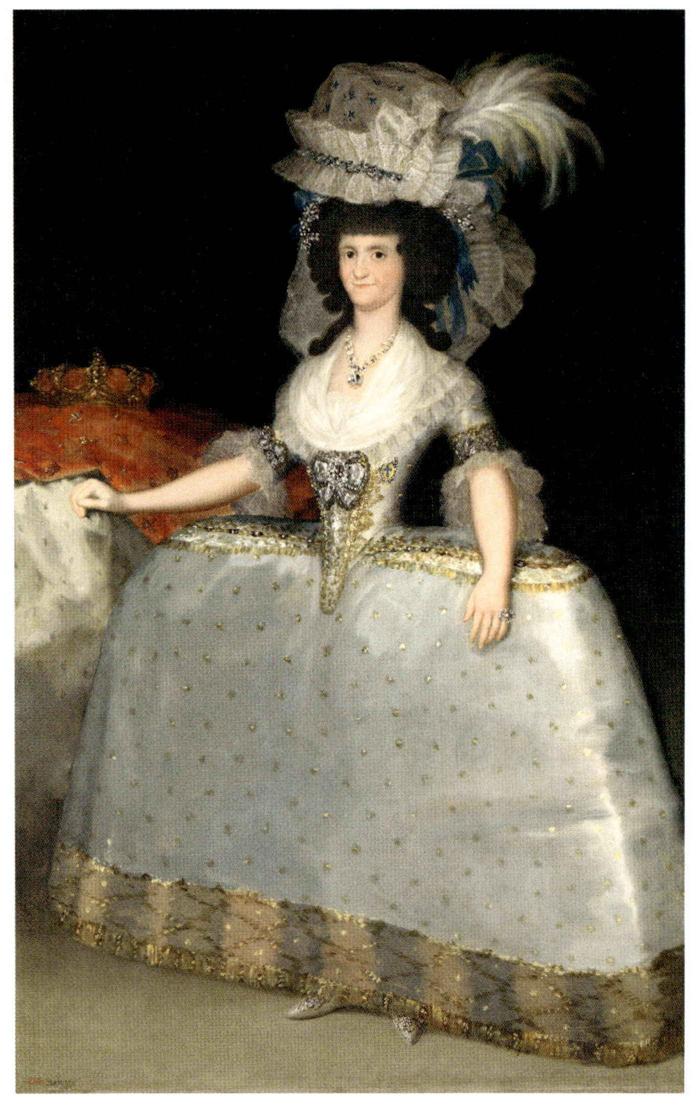

**La reine Marie-Louise de Parme en crinoline,** 1789
Huile sur toile, 205 × 132 cm
Museo Nacional del Prado, Madrid

# 1789-1799
## Peintre de chambre

La Révolution française et la crise politique qu'elle déclencha en Espagne ne restèrent pas sans effet sur la vie et le travail de Goya à la cour de Madrid. En 1789, un an après l'accession de Charles IV au trône, il est nommé peintre de chambre, mais il se sent vite désavantagé par rapport aux autres artistes : il obtient moins de commandes qu'eux et son salaire de 15 000 réaux n'augmente pas. Surtout, ce sont les représailles à l'encontre des personnalités de haut rang affichant des sympathies pour les idéaux de liberté de la Révolution qui incitent Goya à se rendre moins dépendant des commissions officielles. La duchesse d'Albe, qui porte alors le titre de « première dame d'Espagne après la reine », devient à ce moment-là l'un de ses principaux soutiens. Goya l'immortalise dans deux portraits qui lui donnent rang d'icône : l'un la montre en veuve portant un vêtement de deuil, l'autre sous les traits d'une monumentale figure en robe blanche qui désigne de sa main droite, tracés côte à côte sur le sable de sa résidence estivale de Sanlúcar, son propre nom et la signature du peintre – faut-il y lire la preuve d'une thèse souvent avancée, celle d'une relation plus intime entre l'artiste et la duchesse que ce qu'eussent permis les conventions et les barrières sociales de l'époque ?

Mais les efforts de Goya pour se détacher des commandes de la cour se manifestent aussi dans les portraits qu'il brosse de ses amis et connaissances, intellectuels, gens de lettres ou commerçants, qui sont tous des esprits éclairés. Leur ouverture, leur cosmopolitisme et leur confiance dans l'avenir, leur sens mesuré des affaires transparaissent dans ces tableaux, en même temps que s'y devine l'empreinte laissée par les incertitudes de ces années-là, ainsi dans le portrait que Goya peint en 1798 de Gaspar Melchor de Jovellanos, alors ministre de la Justice. L'homme est assis à sa table de travail, perdu dans ses pensées, la tête appuyée dans sa main, dans la pose traditionnelle de la mélancolie qui signale le génie. Au-dessus de lui veille la statue de Pallas Athéna, déesse de la sagesse. Très vite, dès 1801, l'entreprenant réformateur sera jeté en prison, condamné à sept ans de réclusion à cause de ses idées libérales.

La vie et l'œuvre de Goya sont elles-mêmes assombries alors par un tragique coup du sort : au début de l'année 1793, le peintre tombe malade lors d'un séjour en Andalousie et il perd l'ouïe. Cette surdité ne l'empêche pas de poursuivre pourtant son ascension sociale : Goya devient membre d'honneur de diverses académies et sociétés artistiques et en 1795 il est nommé directeur du département de peinture de l'Académie des beaux-arts de San Fernando. Il s'y distingue par les réformes qu'il apporte à l'enseignement traditionnel, en mettant l'accent sur le talent individuel des élèves, qu'il encourage à se développer librement et sans entrave. Sa carrière d'artiste officiel obtient son couronnement en 1799, lorsque le roi le nomme premier peintre de chambre.

Mais Goya ne se laisse pas éblouir par les marques d'honneur qu'on lui témoigne. Son regard sur la société et sur ses maux ne perd rien de son acuité, comme l'atteste la série de peintures de cabinet qu'il réalise sur fer-blanc en 1793-1794. On y voit des scènes d'apocalypse, où des gens désespérés attendent en vain d'être sauvés de l'infortune qui les frappe : dans *Incendie, feu de nuit* par exemple, une foule compacte a trouvé refuge sur ce qui semble être les décombres d'un bâtiment, elle risque à présent de basculer dans les ténèbres sans fond qui l'entourent, dans le néant.

La vision du monde qui anime Goya trouve son expression sans doute la plus saisissante dans *Los Caprichos*, un album de gravures publié en 1799. L'expérience personnelle de la souffrance s'y mêle au regard critique que l'artiste pose sur les choses, en s'adossant à la philosophie des Lumières et en prêtant hommage aux pouvoirs de l'imagination. Le célèbre *Capricho 43*, intitulé « Le sommeil / Le songe de la raison engendre des monstres », tient lieu de programme à toute la série : l'alter ego de l'artiste y apparaît sous les traits d'un homme absorbé dans ses pensées, la tête enfouie dans ses bras. S'en remettre à la raison ne saurait garantir que cessent enfin les tourments de l'âme, c'est l'imagination qui gouverne et produit des monstres au moins aussi redoutables que l'horreur de la réalité.

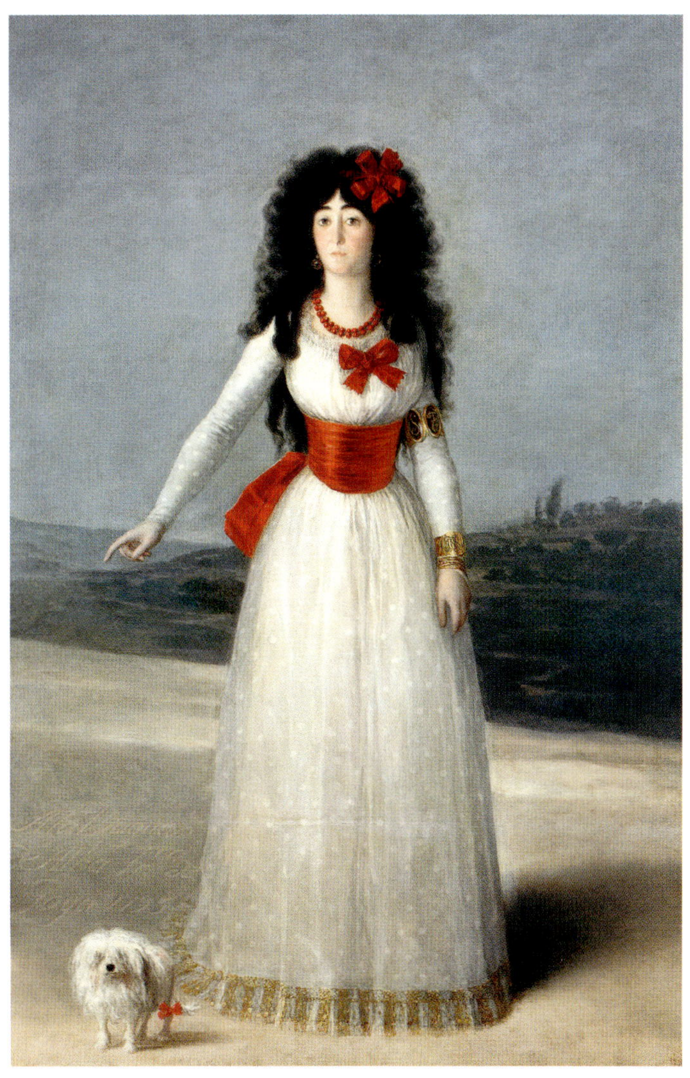

**María del Pilar Teresa Cayetana de Silva y Álvarez de Toledo,**
**13e duchesse d'Albe,** 1795
Huile sur toile, 192 × 128 cm
Fundación Casa de Alba, Palacio de Liria, Madrid

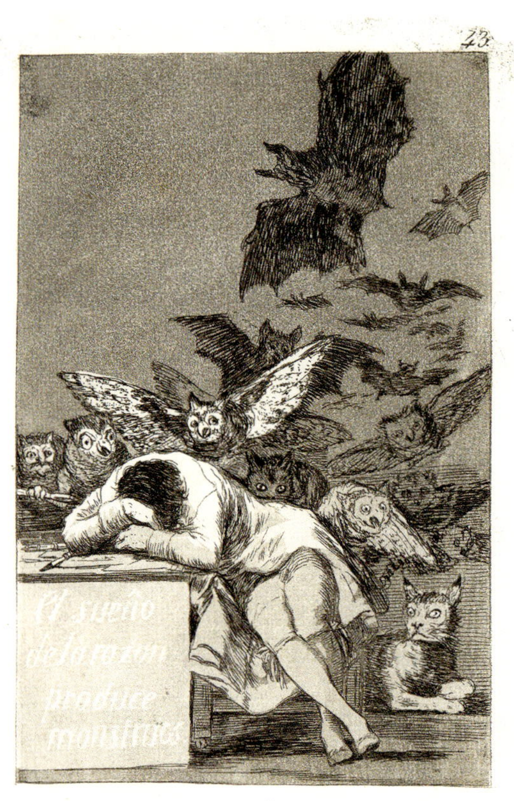


**Le sommeil / Le songe de la raison engendre des monstres,** 1797-1799

*Caprichos*, 43

Eau-forte et aquatinte, 22,2 × 15,2 cm (plaque)

Collection E. W. K., Berne

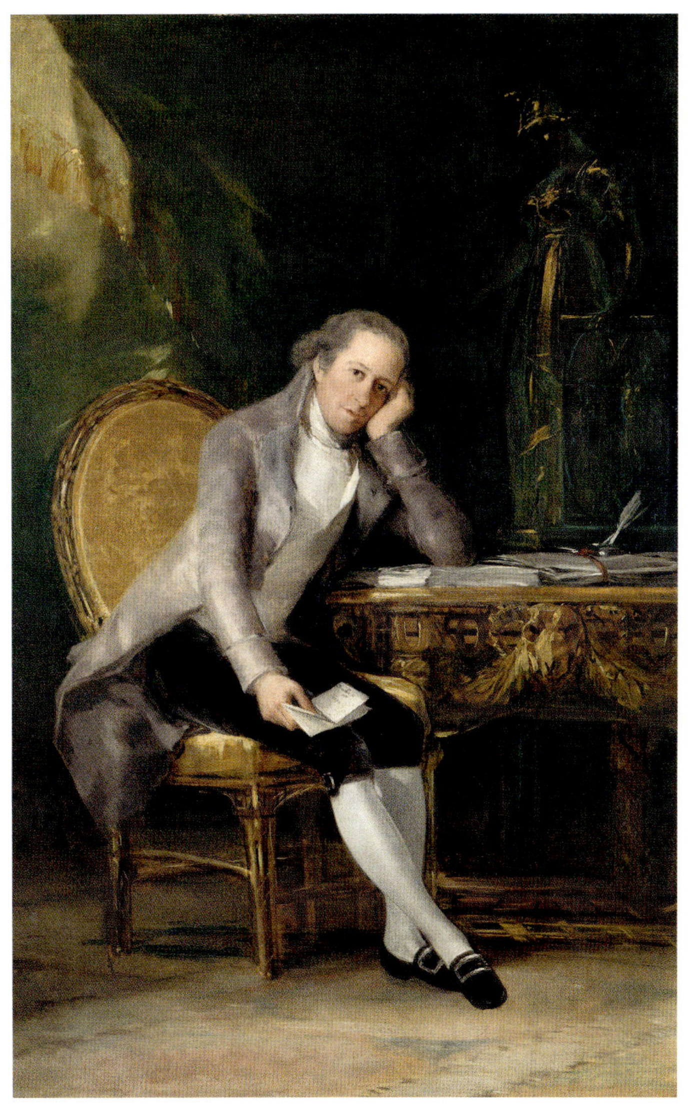

**Gaspar Melchor de Jovellanos,** 1798
Huile sur toile, 205 × 133 cm
Museo Nacional del Prado, Madrid

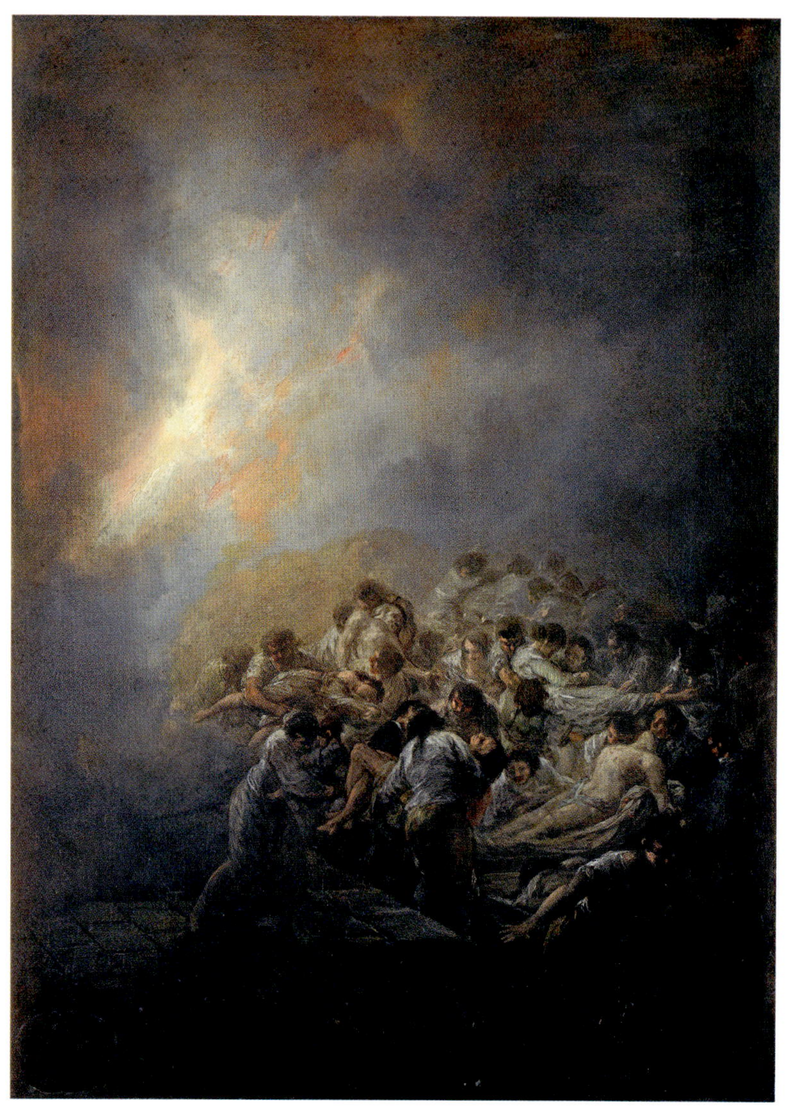

**Incendie, feu de nuit,** 1793-1794
Huile sur fer-blanc, 42 × 31,5 cm
Collection Abelló

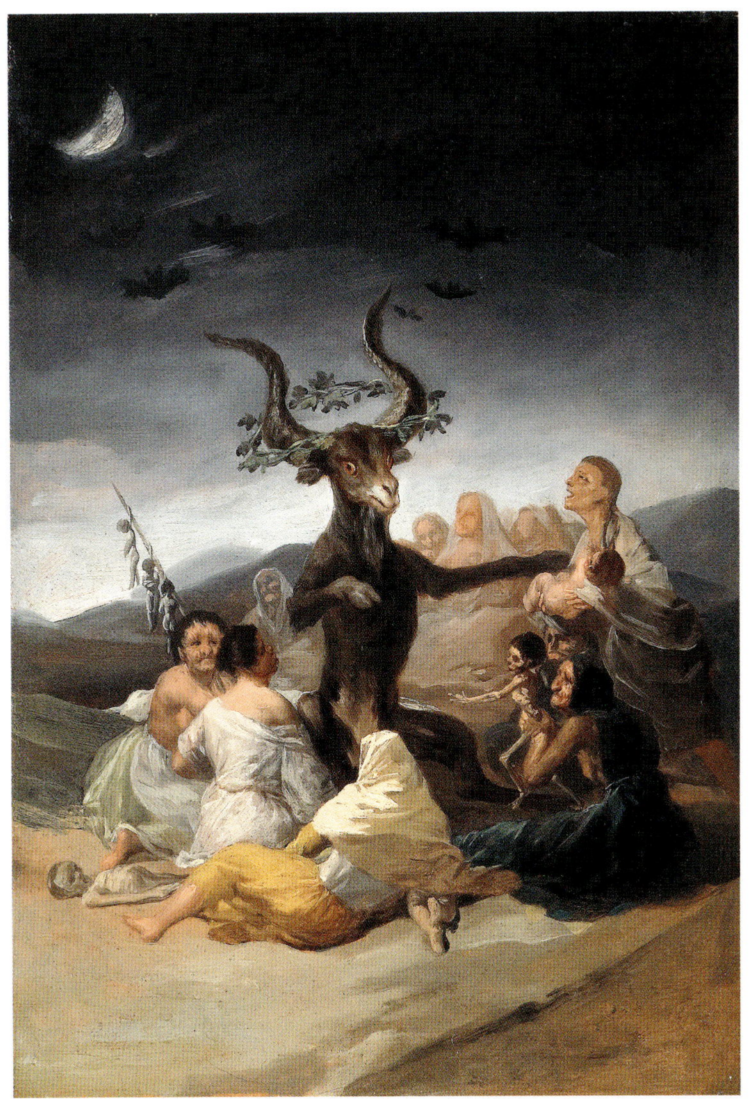

**Le sabbat des sorcières,** 1797-1798
Huile sur toile, 43 × 30 cm
Museo Lázaro Galdiano, Madrid

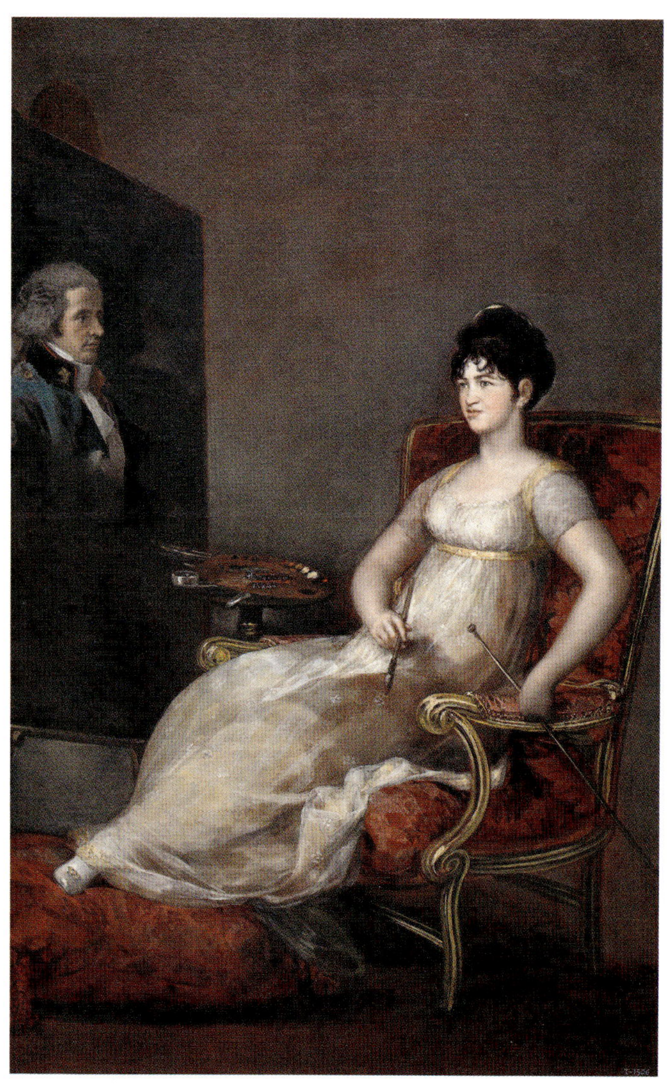

**María Tomasa de Palafox y Portocarrero,**
**marquise de Villafranca, en train de peindre un portrait de son mari,** 1804
Huile sur toile, 195 × 126 cm
Museo Nacional del Prado, Madrid

# 1800-1807
## Le premier peintre de chambre

Pour Goya, le nouveau siècle qui commence s'inscrit sous le signe d'une prospérité croissante. Cela se traduit en particulier par l'acquisition de biens immobiliers à Madrid : en 1800 l'artiste emménage dans une maison de quatre étages dans la Calle de Valverde, en 1803 il achète un autre immeuble, dans le cadre d'une série d'opérations destinées à assurer l'avenir de son fils Javier, son seul enfant. Cette aisance matérielle a pour assise sa position de premier peintre de chambre du roi et les nombreuses commandes de portraits que lui adressent les cercles les plus élevés de l'aristocratie. Celui de María Tomasa de Palafox y Portocarrero, marquise de Villafranca, en est un éloquent exemple. La marquise, qui avait la réputation d'être un peintre amateur de talent, est devant son chevalet, occupée à immortaliser sur la toile le portrait de son mari – un motif qui offre à Goya l'occasion rêvée de réfléchir aux questions fondamentales de la représentation, au fait de peindre et d'être peint, de regarder et d'être regardé, à la réalité du tableau lui-même.

À côté des membres de la maison royale figurés seuls ou en groupe dans des portraits où se font jour les prétentions de souveraineté éternelle de la dynastie des Bourbons, le tableau du Premier ministre Manuel Godoy en « prince de la Paix » est une illustration saisissante de la plénitude du pouvoir. Godoy, qui était alors le plus important mécène de Goya, est présenté en général vainqueur, après la bataille décisive emportée lors de la guerre des Oranges, qui opposa l'Espagne au Portugal. Issu de la petite aristocratie, Godoy était certainement soucieux de gagner ses lettres de noblesse et de se laver de sa réputation de parvenu en faisant célébrer ses succès militaires par le peintre.

Deux autres tableaux, qui comptent parmi les plus célèbres de Goya, sont liés eux aussi au nom de Godoy : *La Maja nue* et son pendant, *La Maja vêtue*, sont en effet mentionnées pour la première fois en 1808 dans un inventaire indiquant que ces deux œuvres faisaient partie de la collection privée du « généralissime ». La première toile date de 1800 et fait voir la belle entièrement dénudée, ce qui lui a parfois valu le titre inopportun de « Vénus », une *maja* désignant en effet une jeune femme issue des classes populaires. Godoy ne la montrait qu'à des hôtes soigneusement triés sur le volet, car toute exposition de la chair nue avait été proscrite par l'Inquisition. Il se peut que la seconde version ait été commandée à Goya pour servir en certaines occasions à dissimuler l'œuvre compromettante. Même si la robe transparente qui épouse étroitement le corps dévoile plus qu'elle ne cache, du moins les apparences étaient-elles sauves et les règles de la morale satisfaites.

Bien des années plus tard, en 1815, les peintures « obscènes » de Goya lui valurent d'être traîné devant le tribunal, après qu'elles eurent été saisies par l'Inquisition. Mais autour de 1800, l'artiste bénéficiait encore de l'éclat d'une gloire sans tache, comblée en outre par le bonheur familial : en 1805, son fils Javier se marie et l'année suivante Goya a la joie de voir naître son petit fils Mariano. Mais de sombres nuages s'amoncelaient déjà à l'horizon, ils se déchaîneront sous la forme des événements politiques de 1808.

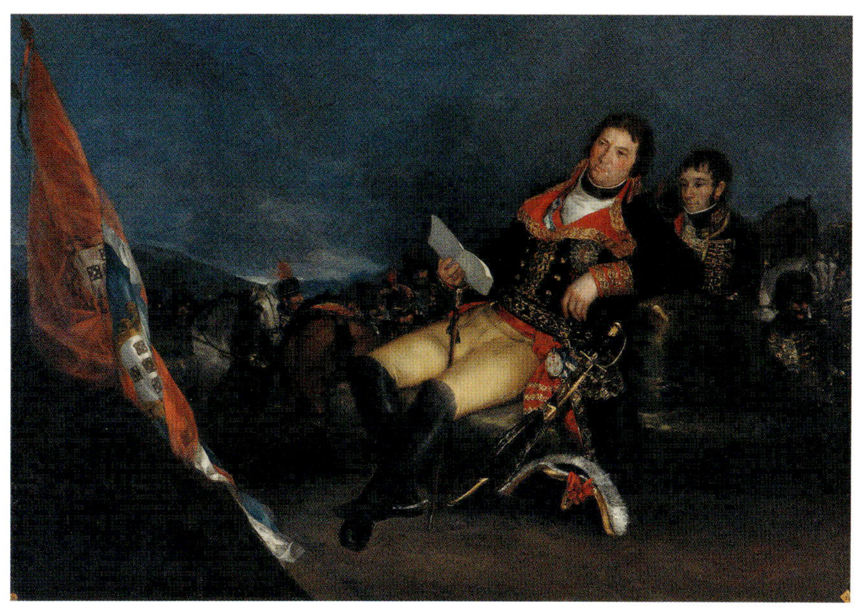

**Manuel Godoy, prince de la Paix,** 1801
Huile sur toile, 180 × 267 cm
Museo de la Real Academia de Bellas Artes
de San Fernando, Madrid

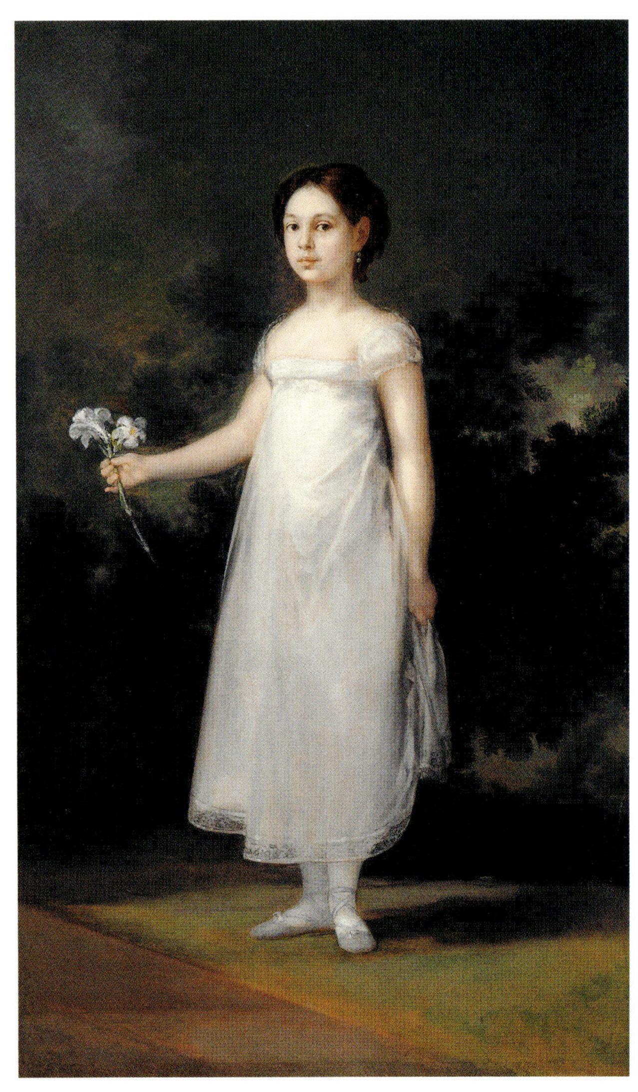

**María Amalia de Aguirre y Acedo,**
**marquise de Montehermoso,** 1810
Huile sur toile, 170 × 103 cm
Collection particulière

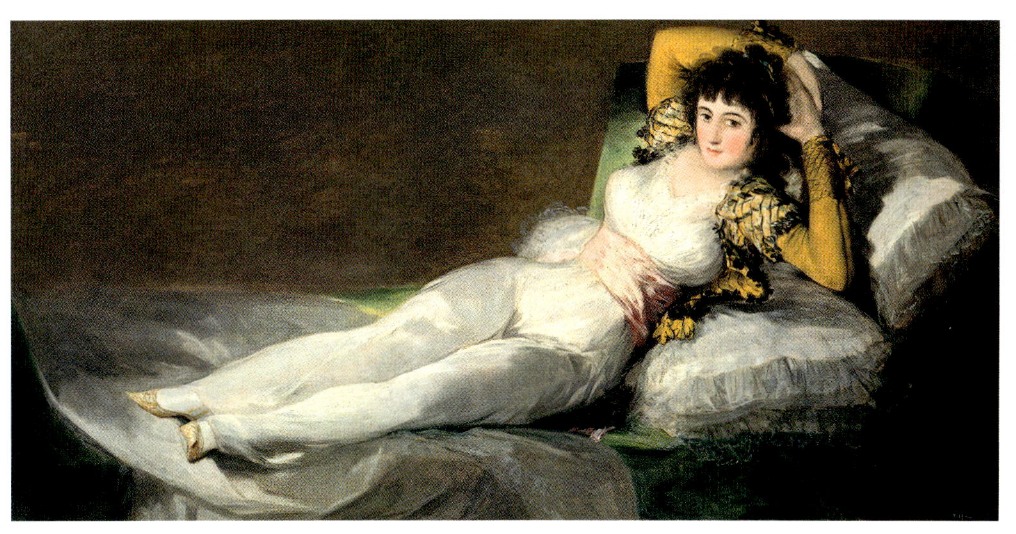

**La Maja vêtue,** 1800-1807
Huile sur toile, 94,7 × 188 cm
Museo Nacional del Prado, Madrid

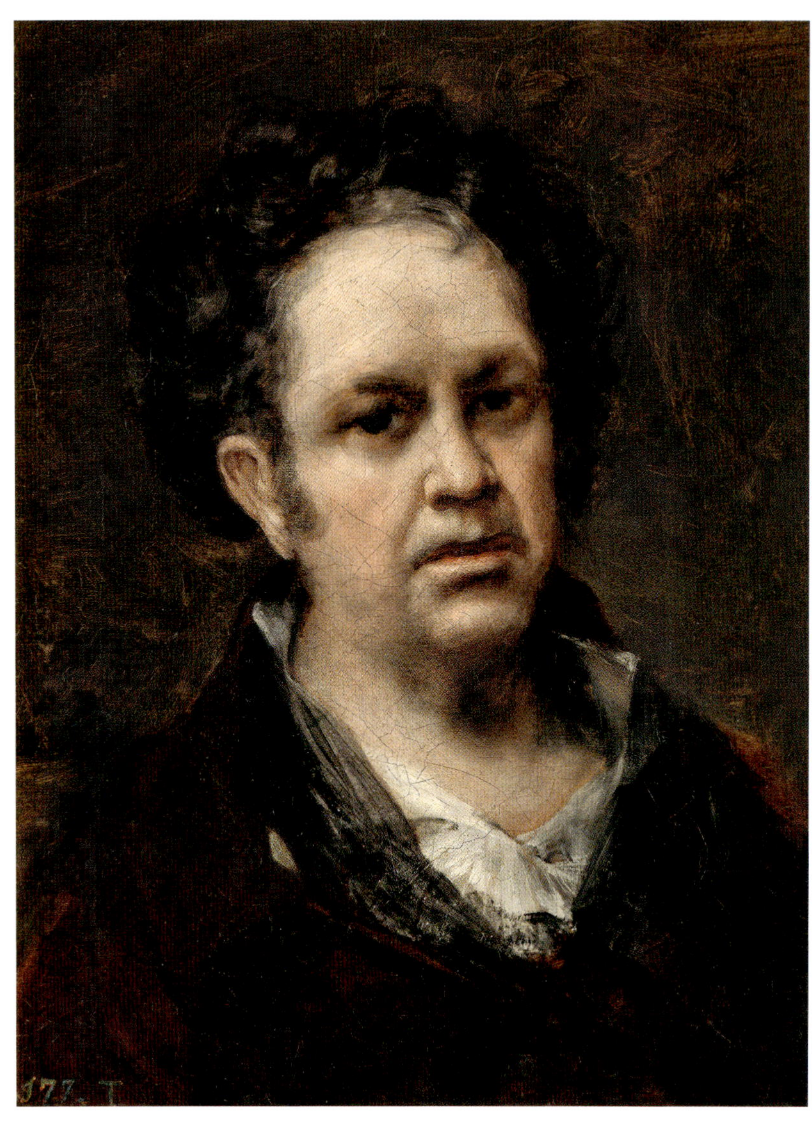

**Autoportrait,** 1815
Huile sur toile, 45,8 × 35,6 cm
Museo Nacional del Prado, Madrid

# 1808-1814
## Les années de guerre

En 1808, la guerre d'indépendance espagnole éclate, après que Napoléon eut envahi le pays et occupé plusieurs territoires. Les tragiques événements de cette période deviennent le thème qui domine dans les œuvres de Goya. Ainsi l'artiste se souvient-il, dans une toile qu'il peint six ans après les exécutions des rebelles (*Tres de mayo*, Museo del Prado, Madrid), de la sanglante répression du soulèvement populaire des Madrilènes, le 2 mai 1808, qui donna le signal de l'insurrection contre l'envahisseur. Mais c'est vers la technique de la gravure que Goya se tourne alors de préférence pour rendre compte des violences de son temps, comme en témoigne la suite des quelque quatre-vingts eaux-fortes des *Désastres de la guerre*.

L'artiste se lance dans ce poignant panorama de l'horreur après le siège de deux mois que les Français firent subir à Saragosse pendant l'été 1808. Les Espagnols finirent certes par repousser l'assaillant, mais au prix très fort : la ville était en grande partie détruite et on déplorait des milliers de morts. Goya se rendit à Saragosse en octobre, avec la mission officielle de documenter les « actions glorieuses de ses habitants ». Achevé au bout de plusieurs années d'intense travail, le résultat ne pouvait cependant répondre aux attentes de ses commanditaires et il ne fut pas publié. Comment s'en étonner ? Ce que Goya fait scrupuleusement voir au moyen de sa pointe sèche et de son burin, c'est tout autre chose que la célébration du courage héroïque et de l'esprit de résistance. Ici, meurtres, massacres, tortures et viols se commettent non pour gagner la victoire, mais à seule fin de se délecter des souffrances d'autrui – preuves d'un ensauvagement presque inconcevable de la société humaine, qui a perdu toute morale. Le bien et le mal ne se distinguent plus, chaque victime pourrait aussi bien se retourner en bourreau.

On ne saurait tout à fait absoudre Goya du soupçon d'avoir voulu, en gravant ces images, jouer avec la curiosité du public. Il savait très bien qu'un délicieux frisson peut venir se mêler au sentiment d'effroi que fait lever la contemplation de ses planches. Bien des épisodes ont été librement inventés, ce qui témoigne d'un tel calcul. De même, les scènes s'inscrivent dans une sphère où le temps et le lieu n'ont plus cours – si l'on fait abstraction des uniformes des soldats et du costume paysan typique de la population. Goya se soucie peu d'établir la chronique de ce qui a réellement eu lieu, ce qu'il veut sans doute, c'est créer une parabole universelle sur la férocité humaine, en exagérant, en condensant, en omettant certaines choses et en en rajoutant d'autres, pour atteindre ainsi à une vérité plus haute que celle des seuls faits historiques.

Goya fait alors une incursion du côté d'un genre qu'il n'a guère pratiqué par ailleurs, la nature morte : chasseur passionné, il réalise entre 1808 et 1812 douze peintures qui traitent de ce thème au sens large. À première vue, on pourrait penser que l'artiste veut faire taire le vacarme de la guerre qui se déchaîne autour de lui, mais si l'on y regarde de plus près, ces toiles révèlent une étroite similitude avec les autres œuvres qu'il crée à cette époque. On y observe la même concentration sur l'essentiel, un choix restreint de motifs symboliques dont l'impact se fait d'autant plus frappant. Le canard à l'aile déployée, comme s'il n'avait pas encore tout à fait rendu son dernier souffle, ou la tête d'agneau qui paraît fixer le spectateur avec un air de reproche font entendre une plainte muette contre la cruauté avec laquelle l'homme persécute ses semblables.

De même, c'est le regard pénétrant du modèle qui déroute dans le portrait d'Antonia Zárate y Aguirre, quelles que soient la grâce qu'elle affiche, la noblesse dont témoigne le rose délicat de sa peau et la palette raffinée du décor qui l'entoure. Les yeux de l'actrice madrilène vêtue d'une robe Empire et coiffée d'une mantille laissent deviner une affliction secrète et une mélancolie dont on est tenté d'attribuer la cause aux incertitudes du temps. Ainsi, même des tableaux apparemment assez anodins comme celui-ci produisent un effet qui, tout mystérieux qu'il soit, n'est pas moins troublant que celui des *Desastres de la guerra* gravés à la même époque.

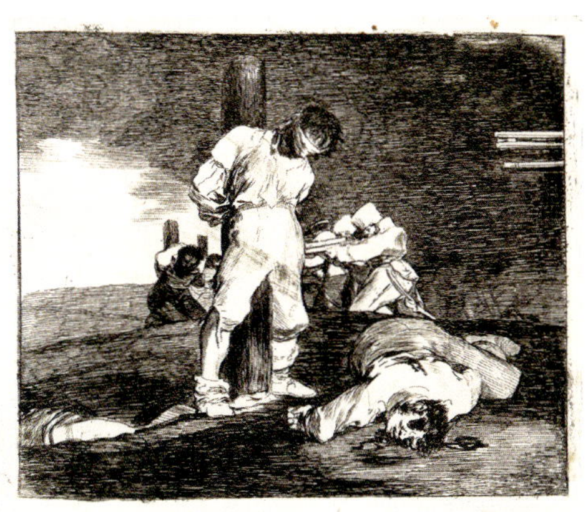

**Et on n'y échappe pas !** 1810-1814
*Desastres de la guerra*, 15, épreuve
Eau-forte, pointe sèche, burin et brunissoir,
14,5 × 17 cm (plaque). Collection E. W. K., Berne

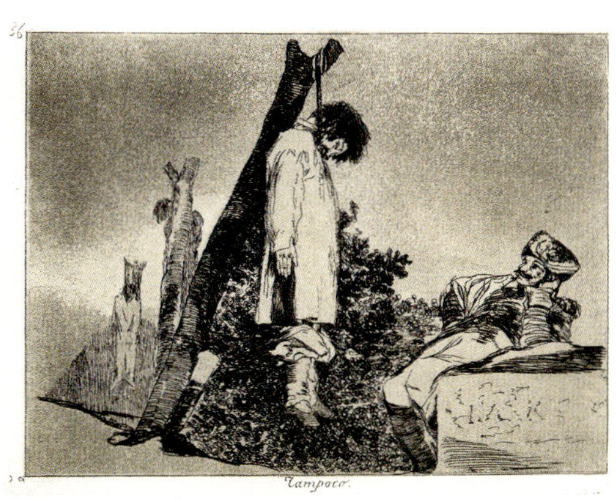


**Là non plus,** 1810-1814
*Desastres de la guerra*, 36
Eau-forte, aquatinte, pointe sèche, burin et brunissoir,
15,5 × 20,6 cm (plaque). Courtesy Galerie Kornfeld, Berne

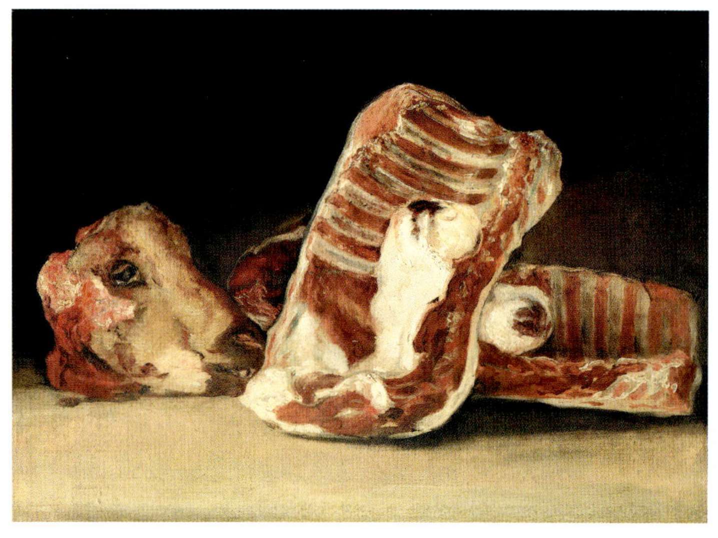

**Nature morte avec des côtes et une tête d'agneau,** vers 1808-1812
Huile sur toile, 45 × 62 cm
Musée du Louvre, Paris, Département des peintures

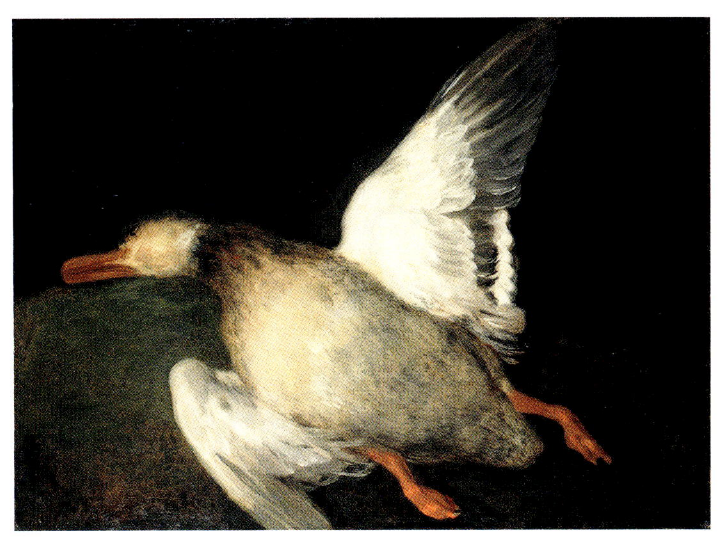

**Nature morte au canard,** vers 1808-1812
Huile sur toile, 44,5 × 62 cm
Collection particulière

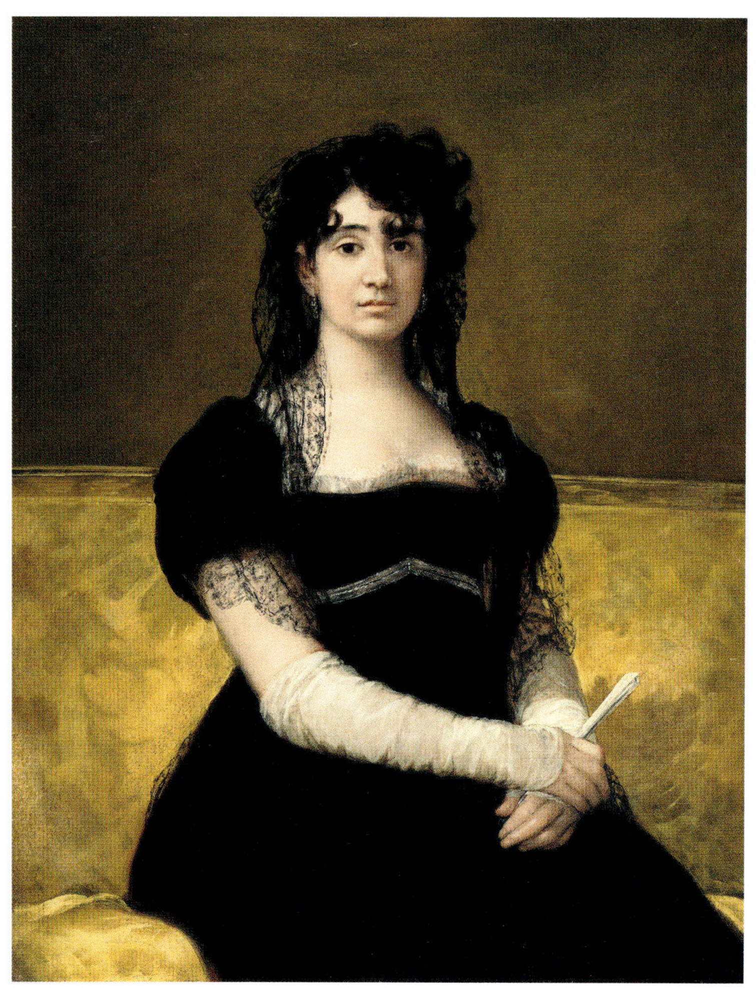

**Antonia Zárate y Aguirre,** vers 1810
Huile sur toile, 103,5 × 82 cm
National Gallery of Ireland, Dublin,
donation Sir Alfred et Lady Beit, 1987
(Beit Collection)

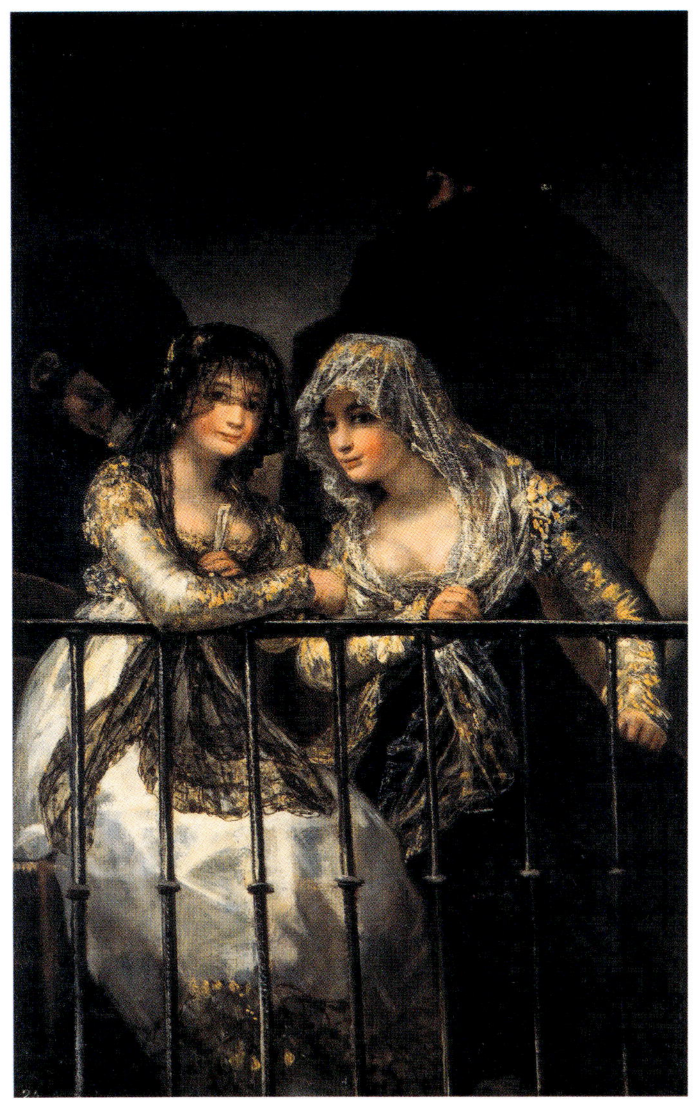

**Majas au balcon,** 1808-1812
Huile sur toile, 162 × 107 cm
Collection particulière

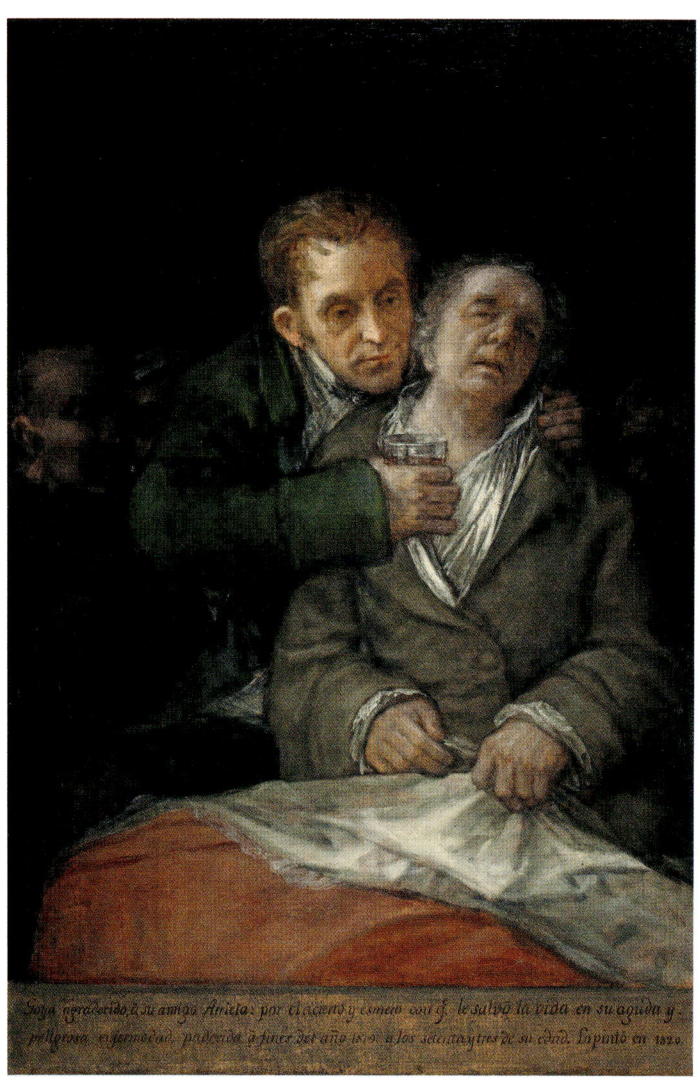

**Goya et son médecin Arrieta,** 1820

Huile sur toile, 114,6 × 76,5 cm

Minneapolis Institute of Art,

The Ethel Morrison Van Derlip Fund

# 1814-1823
## L'après-guerre

Avec la fin de la guerre d'indépendance en 1814, les forces progressistes espagnoles caressent l'espoir d'obtenir plus de libertés individuelles et davantage de démocratie. Mais la nouvelle constitution élaborée en ce sens est rapidement suspendue par le roi Ferdinand VII, qui dissout aussi le Parlement – c'est le début d'une longue période de monarchie absolue et de Restauration, interrompue seulement par un bref intermède libéral entre 1820 et 1823.

L'autoportrait de 1815 (p. 30) laisse parfaitement transparaître l'état d'âme dans lequel se trouvait alors Goya, il témoigne d'une profonde remise en question. Visage blafard qu'on dirait sur le point de s'effacer, le peintre fixe son reflet dans le miroir (en même temps qu'il regarde le spectateur), le corps légèrement penché sur le côté, comme s'il risquait à tout moment de basculer. Sa chemise est ouverte et fait voir le cou : c'est un homme nu qui se montre ici sans fard, ne cachant rien, exposé à son propre jugement et à celui des autres, avide d'obtenir une réponse à la question de sa place dans la vie et dans la société.

Goya avait suffisamment de raisons de douter de lui-même. En plus des vicissitudes de la situation politique et de ses ennuis avec l'Inquisition à cause des deux *Majas* confisquées, c'est son propre avenir d'artiste qui est frappé d'incertitude. En 1814, on le rétablit dans son emploi et sa position honorifique, avec des commandes officielles à la clé – mais ce sont les dernières qu'il recevra de la cour et de l'Église. Ainsi peint-il ses derniers portraits du roi, qui brillent d'un éclat ambigu : derrière la façade représentative des insignes du pouvoir et de la majesté, derrière la pose avantageuse du monarque, on croit deviner une personnalité douteuse. Il en va tout autrement du portrait de l'architecte Tiburcio Pérez y Cuervo, un ami de Goya, dont l'aimable visage laisse reconnaître un homme éclairé, à l'intelligence vive.

En 1819, Goya tombe de nouveau gravement malade et un autre autoportrait saisissant nous montre l'artiste luttant pour recouvrer la santé. L'œuvre est dédiée à son ami médecin Arrieta, qu'il remercie pour « l'attention et le soin avec lesquels il lui a sauvé la vie lors sa brève et terrible maladie », comme indiqué au bas de la toile. Goya s'appuie pour cette composition sur l'iconographie chrétienne, il se figure en homme de douleurs, sauf que la place traditionnellement réservée aux anges ou à la Vierge Marie est occupée ici par le docteur Arrieta, qui administre un remède au patient. Ce n'est plus la foi, mais seulement la science qui est désormais promesse de salut. Parmi les personnages fantomatiques qui se dessinent à l'arrière-plan, on croit reconnaître un prêtre, venu donner les derniers sacrements, mais qui doit s'en retourner sans avoir pu s'acquitter de sa tâche.

Les circonstances extérieures et les restrictions physiques que lui imposent sa santé et son âge expliquent en partie que Goya se tourne à ce moment-là avec une ardeur redoublée vers les arts graphiques. Il crée des séries plus ou moins amples d'eaux-fortes dans lesquelles il illustre par exemple l'histoire des combats de taureaux (*Tauromaquia*) ou s'en prend une fois de plus, dans des scènes satiriques et grotesques, aux maux de la société (*Los Disparates*). À l'âge de soixante-treize ans, il découvre en outre la lithographie, une nouvelle technique qu'on venait tout juste d'inventer. Mais surtout, il réalise d'innombrables dessins dans des carnets de croquis. Ce sont des compositions d'une diversité stupéfiante, tant sur le plan du contenu que de la technique. On peut y voir une sorte de journal où Goya traduit en images ses préoccupations du moment. C'est aussi pour lui l'occasion de vérifier la possibilité de réutiliser ce qu'il a inventé autrefois, d'explorer de nouveaux motifs et de s'essayer aux usages les plus divers du dessin. Les sujets historiques ou inspirés par la littérature côtoient ici des scènes du quotidien, chargées d'une mordante critique sociale ou d'un contenu plus anecdotique. Les titres que l'artiste donne à certaines de ses compositions ont une fonction cruciale, ils servent plus souvent à obscurcir qu'à expliquer ce qui est représenté.

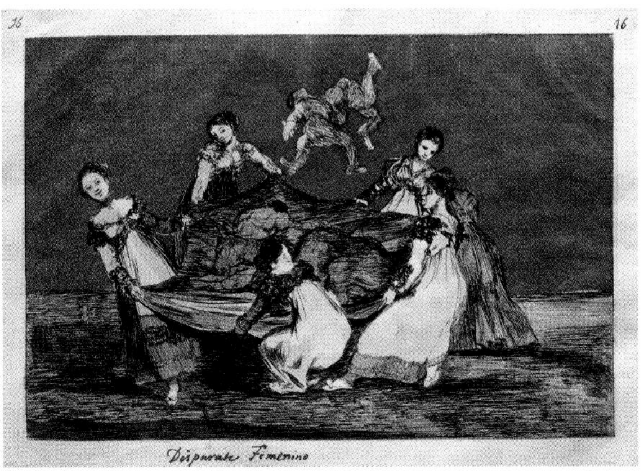


**Folie féminine,** 1815-1824. *Disparates*, 1, épreuve
Eau-forte, aquatinte et pointe sèche,
24,4 × 35,7 cm (plaque)
Museo Lázaro Galdiano, Madrid

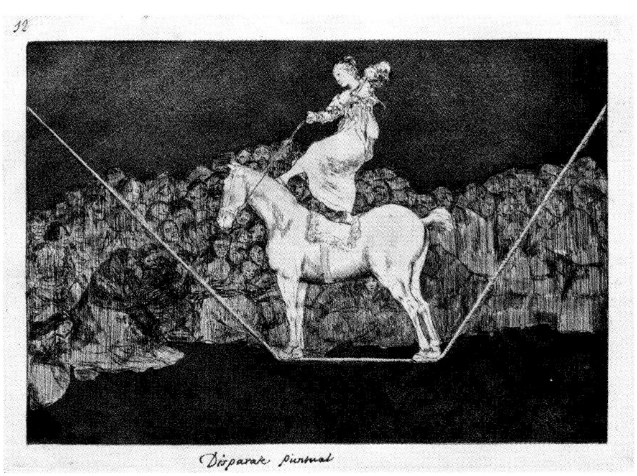


**Folie précise,** 1815-1824. *Disparates*, épreuve
Eau-forte, aquatinte et pointe sèche,
24,6 × 35,8 cm (plaque)
Museo Lázaro Galdiano, Madrid

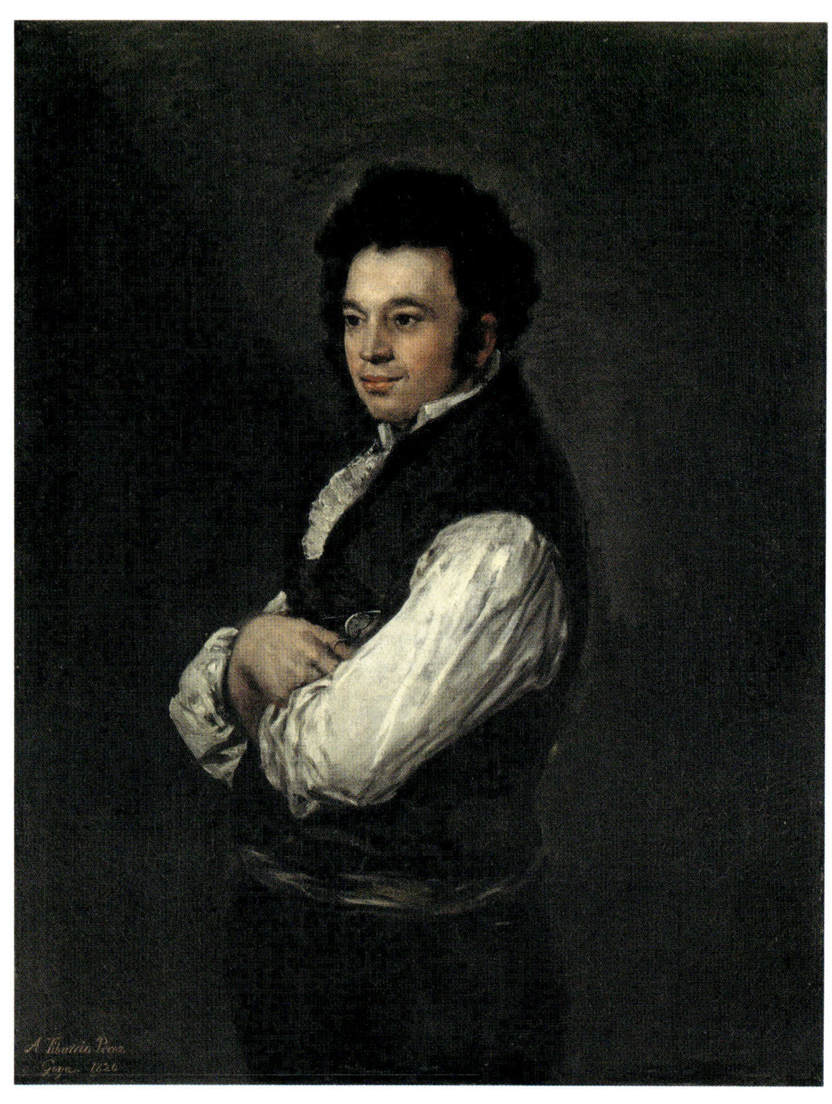

**Tiburcio Pérez y Cuervo,** 1820
Huile sur toile, 102,2 × 81,3 cm
The Metropolitan Museum of Art, Theodore M. Davis
Collection, legs Theodore M. Davis, 1915

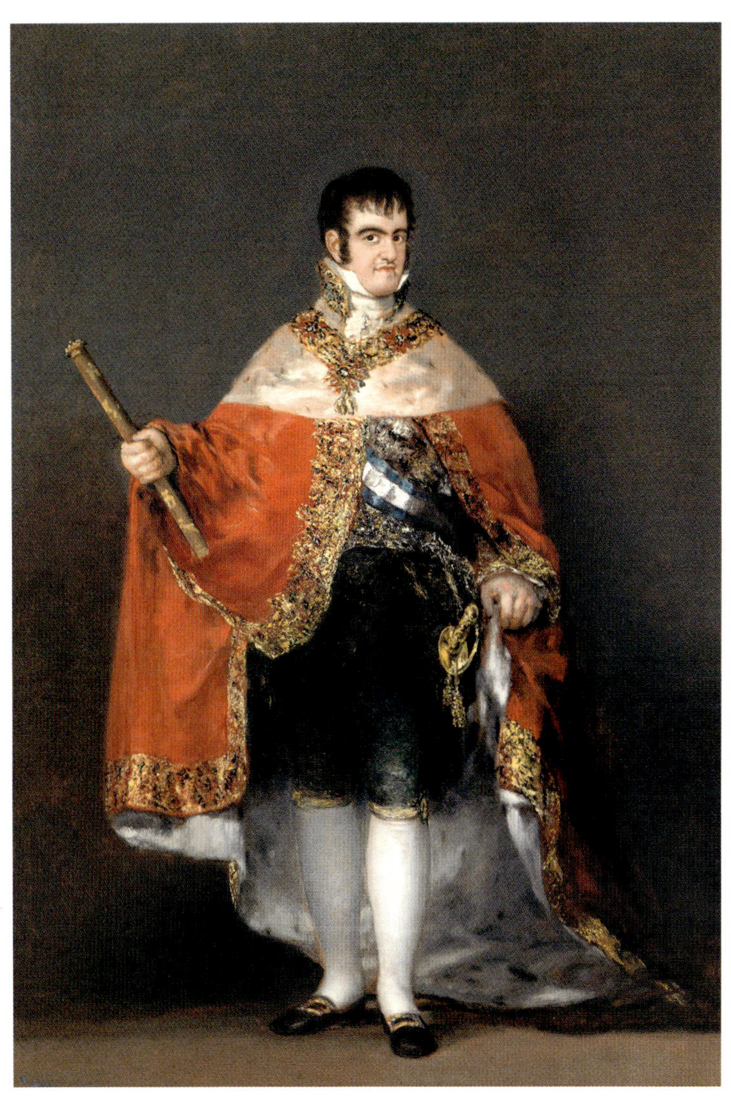

**Ferdinand VII en manteau de roi,** 1814-1815
Huile sur toile, 208 × 142,5 cm
Museo Nacional del Prado, Madrid

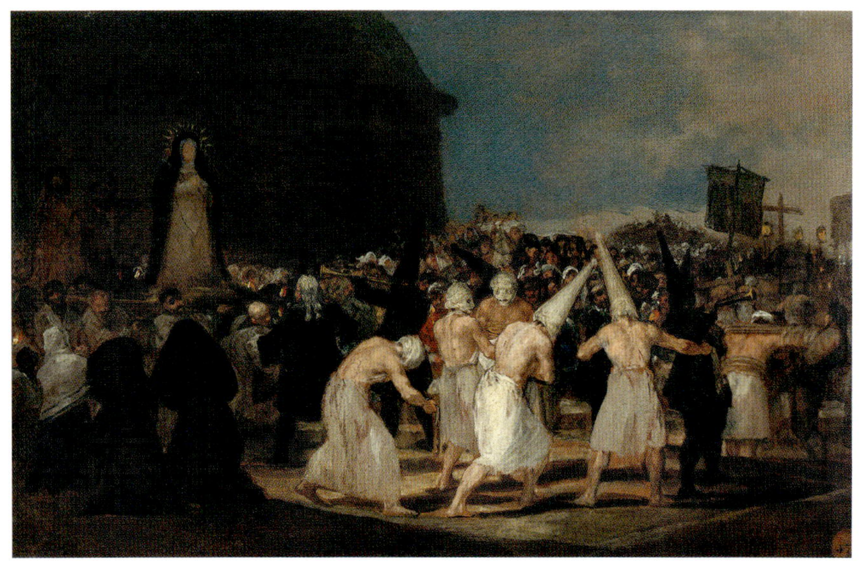

**Procession de flagellants,** vers 1810-1816
Huile sur panneau, 46 × 73 cm
Museo de la Real Academia de Bellas Artes
de San Fernando, Madrid

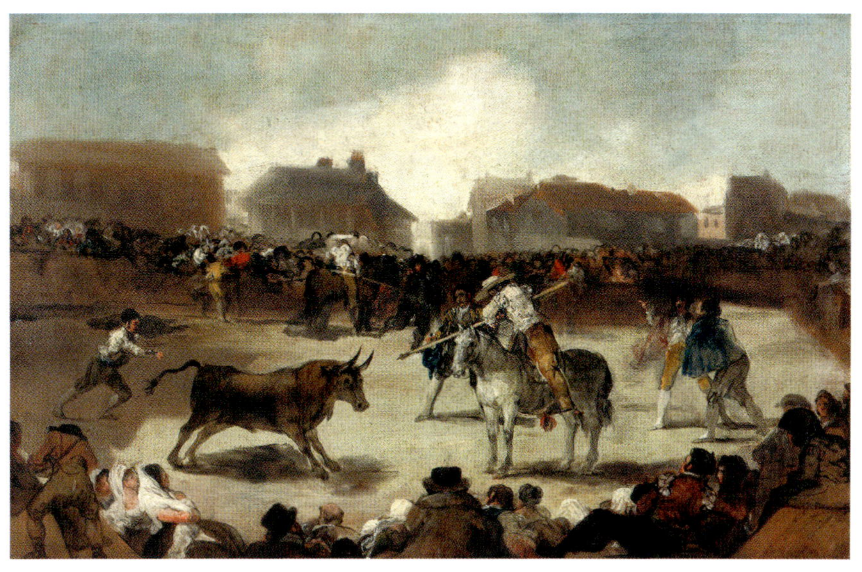

**Corrida dans un village,** vers 1810-1816
Huile sur panneau, 45 × 72 cm
Museo de la Real Academia de Bellas Artes
de San Fernando, Madrid

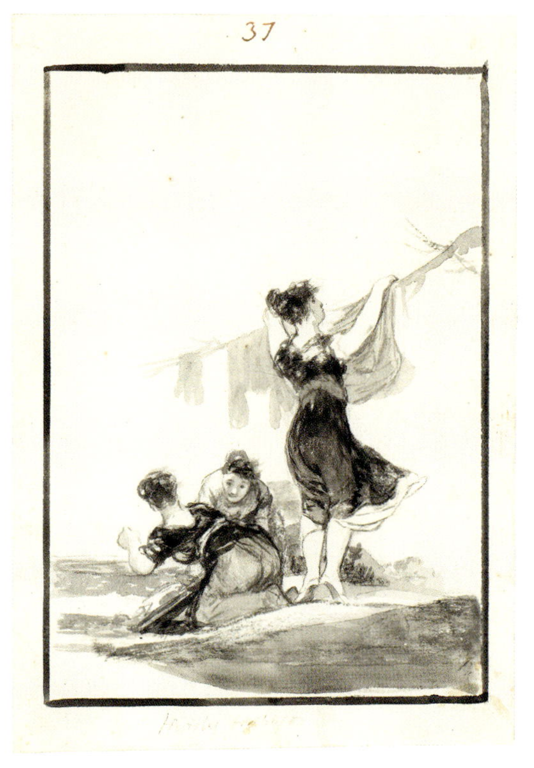

**Travaux utiles,** 1816-1820
Carnet E, 37
Pinceau et lavis de bistre, grattoir, 26,3 × 18,6 cm
Collection particulière

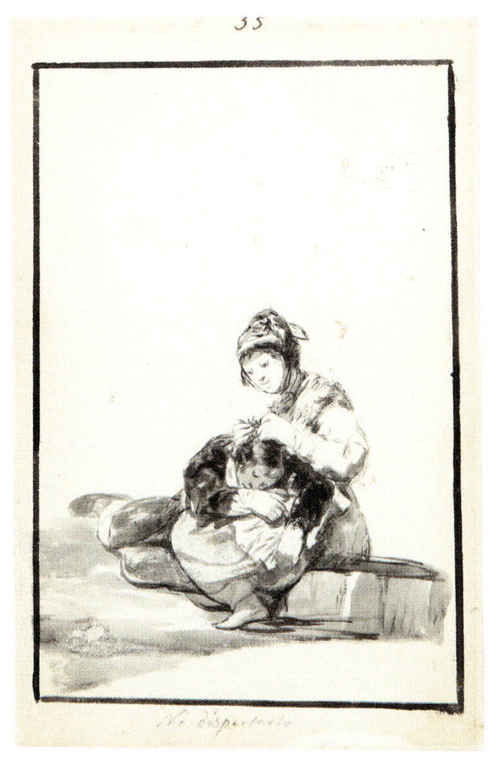

**Il ne se réveille pas,** 1816-1820
Carnet E, 35
Pinceau et lavis de bistre, 25,4 × 17,7 cm
Collection particulière

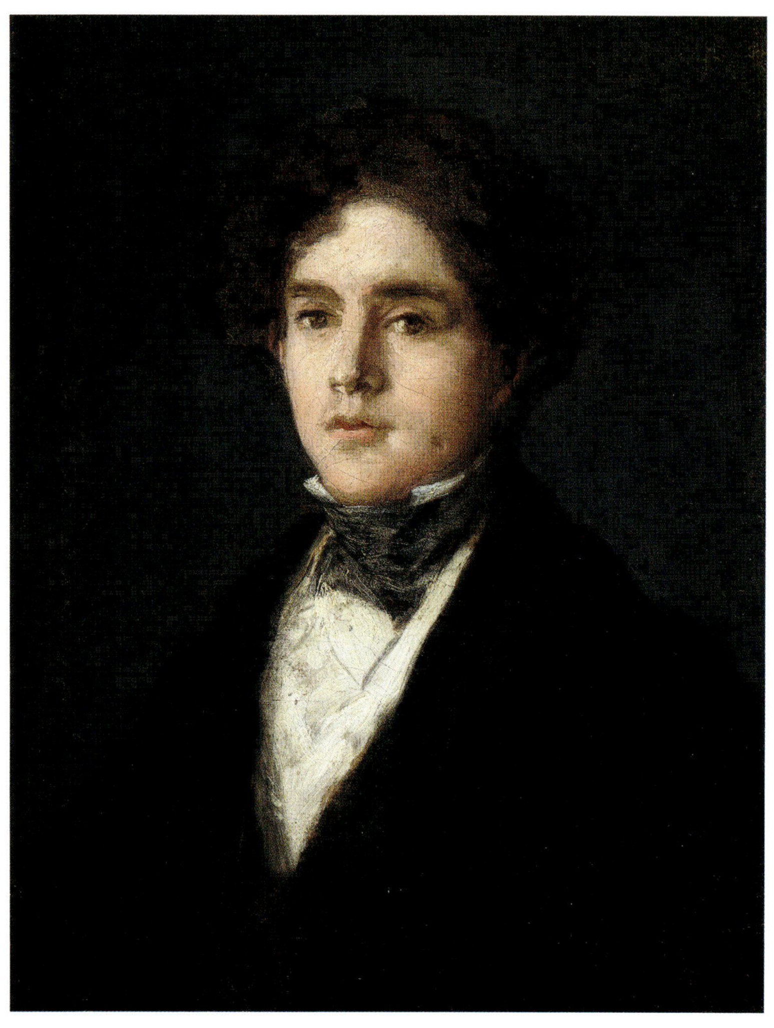

**Mariano Goya,** 1827
Huile sur toile, 52,1 × 41,3 cm
Meadows Museum, SMU, Dallas, acquis avec le soutien
de la Meadows Foundation et grâce à la donation
Mrs. Eugene McDermott, à l'occasion du cinquantième
anniversaire du Meadows Museum, 2013

# 1824-1828
## Les dernières années à Bordeaux

« Aun aprendo » – j'apprends toujours. Tels sont les mots que Goya a tracés sur ce qui est probablement son dernier autoportrait au crayon, expression d'une inflexible volonté de s'affirmer, de son désir d'évoluer encore et sans fin, en tant qu'homme et en tant qu'artiste. Et c'est ainsi qu'il devait aborder une fois de plus à d'autres rivages : en 1824, à l'âge de près de quatre-vingts ans, sourd et fragile, il part pour Bordeaux, avec l'autorisation du roi et l'assurance de continuer à toucher sa rente annuelle. Officiellement, c'est pour se soigner, mais en réalité il s'agit aussi pour lui de se soustraire à la situation politique oppressante qui règne dans son pays. En même temps, il se libérait des attentes de sa clientèle bourgeoise.

À Bordeaux, Goya se lie avec un milieu d'exilés espagnols, parmi lesquels d'anciennes connaissances, par exemple le poète Leandro Fernández de Moratín, un ami proche, dont il fait aussitôt le portrait. Lors d'un séjour à Paris, il retrouve en outre José María Cardano, l'homme qui l'avait initié à la lithographie quelques années plus tôt à Madrid. Revenu à Bordeaux, Goya se consacre de nouveau à cette technique, qu'il approfondit avec enthousiasme. Dans l'atelier de lithographie de Cyprien Charles Gaulon, il réalise sous sa conduite plusieurs planches, dont la série des quatre *Taureaux de Bordeaux* (*Toros de Burdeos*), qui comptent parmi ses chefs-d'œuvre graphiques. Pour l'artiste âgé, le nouveau médium offrait de nombreux avantages par rapport à l'eau-forte. Dessiner sur la pierre lithographique lui demandait bien moins d'efforts que de graver sur cuivre – un support qui coûtait de toute façon plus cher et exigeait par ailleurs la manipulation de produits toxiques. Mais surtout, l'emploi du crayon lui permettait de travailler directement à la manière du dessin, de sorte que Goya put reprendre le motif de la corrida qu'il avait déjà souvent traité par le passé (p. 45) et l'enrichir encore une fois de nouvelles facettes. Usant de traits rapidement jetés comme pour une esquisse et de zones plus floues, il obtient un effet de vie qui rend presque palpables le tragique et le dynamisme de ce qui a lieu dans l'arène.

À Bordeaux, Goya remplit en outre deux autres carnets de plus de cent vingt dessins, dans lesquels il fixe, sous une forme outrée et caricaturale, des observations quotidiennes souvent absurdes. Il ne peint pratiquement plus à l'huile, et quand il le fait, ce sont de préférence des portraits de ses proches, comme celui de Moratín ou de son cher petit-fils Mariano, que l'artiste réalise pendant l'été 1827, lors de son dernier séjour à Madrid : un tableau qui rayonne non seulement de la fierté du grand-père pour le beau jeune homme de vingt et un ans, mais où bat aussi un nouvel esprit – celui du romantisme français, dans son goût de l'allusif, du raffiné et des choses qui ont une âme. Au soir de sa vie et de son œuvre, Goya sut donc offrir de nouveaux points d'appui aux générations d'artistes qui allaient lui succéder et en particulier aux premiers peintres modernes.

Francisco de Goya meurt dans la nuit du 16 avril 1828 à Bordeaux, sa ville d'adoption. Exhumé à deux reprises, il trouvera pour finir le lieu de son dernier repos en 1919 à Madrid, dans la chapelle de San Antonio de la Florida, qu'il avait lui-même peinte à fresque en 1798, avec des scènes de la légende de saint Antoine.

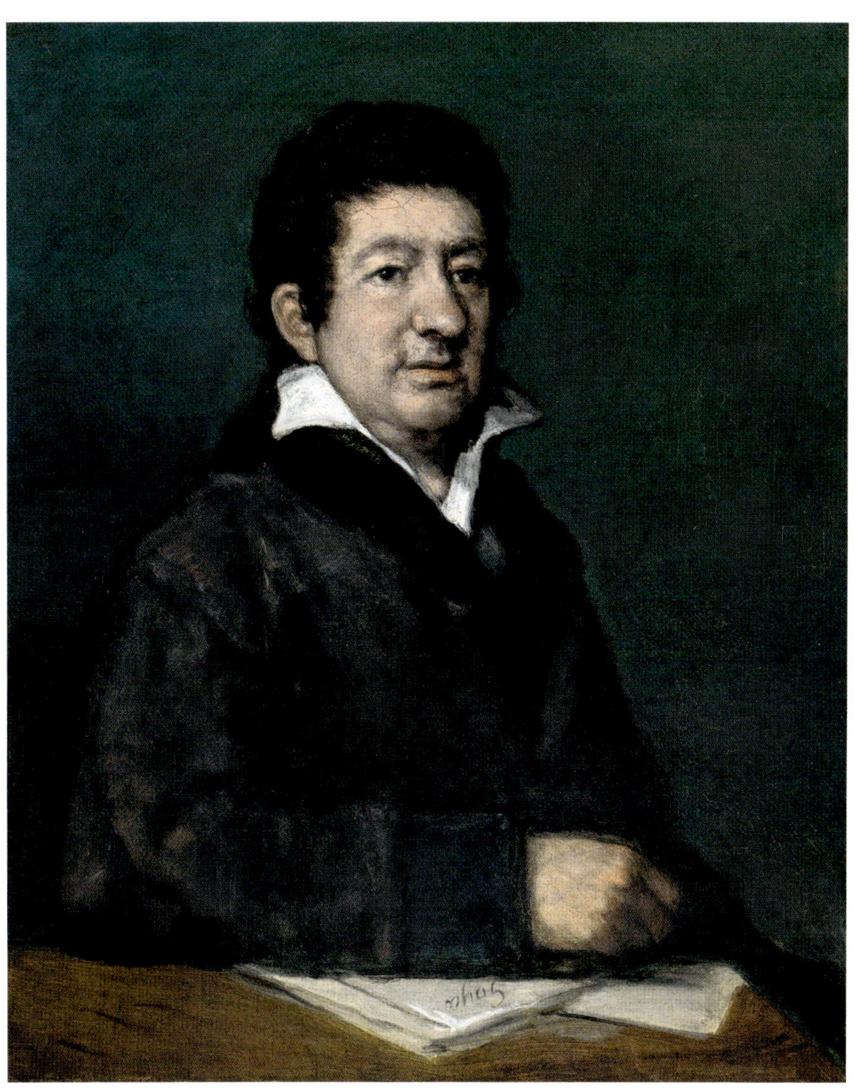

**Portrait du poète Moratín,** 1824
Huile sur toile, 60 × 49,5 cm
Museo de Bellas Artes de Bilbao

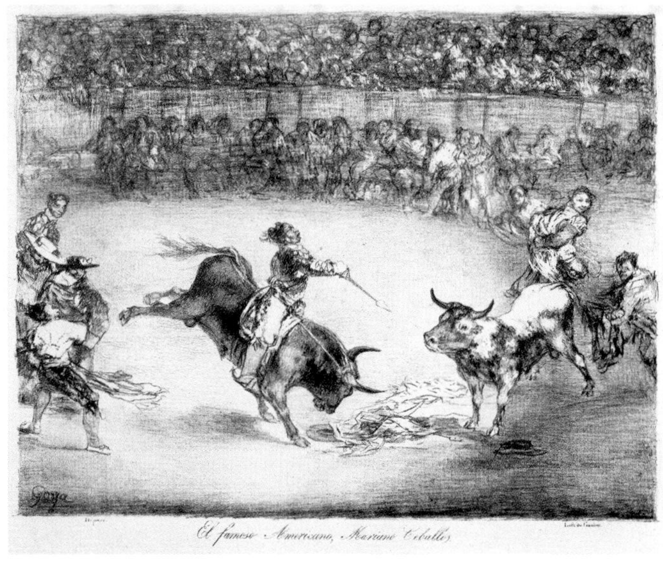


**Le célèbre Américain Mariano Ceballos,** 1825
*Toros de Burdeos*, I
Lithographie au crayon et grattoir, 33 × 40,5 cm (sujet)
Museo Nacional del Prado, Madrid,
donation Plácido Arango Arias

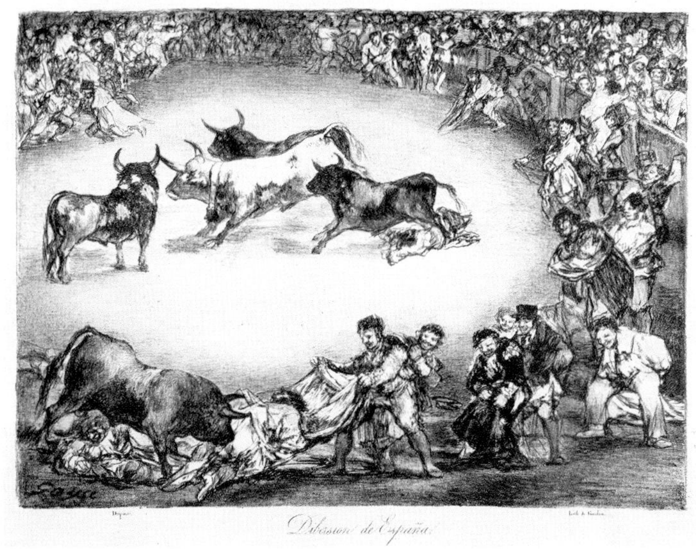

**Divertissement d'Espagne,** 1825
*Toros de Burdeos*, III
Lithographie au crayon, 32,6 × 41,4 cm (sujet)
Museo Nacional del Prado, Madrid,
donation Plácido Arango Arias

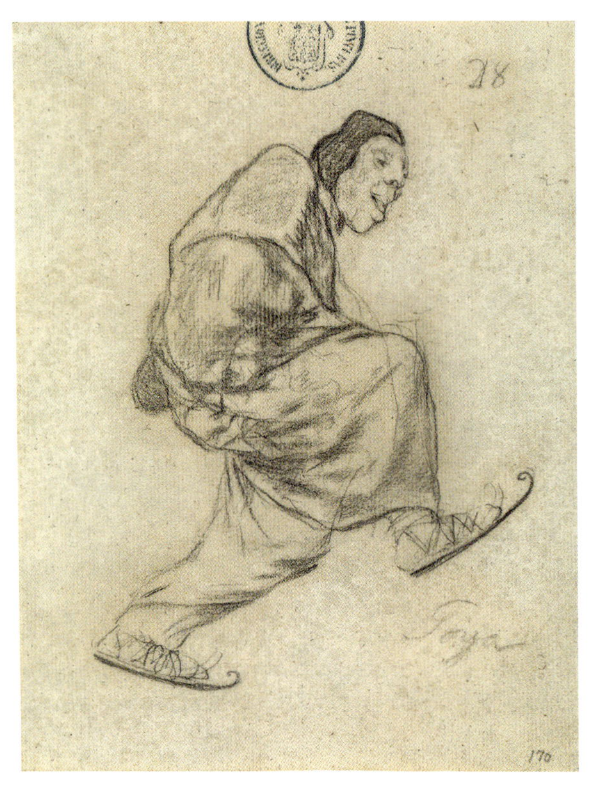

**Frère lai en patins,** 1825-1828
Carnet H, 28
Crayon noir, 19,2 × 14,7 cm
Museo Nacional del Prado, Madrid

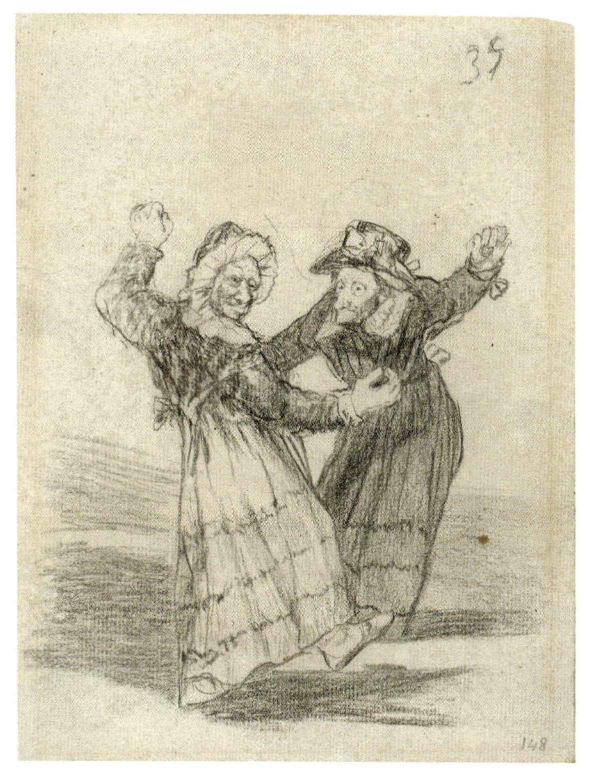

**Deux vieilles commères qui dansent,** 1825-1828
Carnet H, 35
Crayon noir, 19,1 × 14,8 cm
Museo Nacional del Prado, Madrid

**GOYA**

*Éditeur :* Fondation Beyeler
*Auteur :* Holger Steinemann, Stuttgart
*Traduction et suivi éditorial :* Jean Torrent, Les Lilas
*Conception et réalisation graphique :* Silke Fahnert, Uwe Koch, Cologne
*Fabrication :* Christine Stäcker, Stuttgart
*Photogravure :* LAC AG, Bâle
*Impression :* Offizin Scheufele, Stuttgart
*Papier :* Magno Volume, 135 g/m²
*Reliure :* Conzella Verlagsbuchbinderei, Urban Meister GmbH & Co KG, Aschheim – Dornach bei München

*Copyright* © 2021 Beyeler Museum AG, Riehen/Bâle, Hatje Cantz Verlag GmbH, Berlin, l'auteur et le traducteur

Une publication de la
Fondation Beyeler
Baselstrasse 101
4125 Riehen/Bâle, Suisse
www.fondationbeyeler.ch

Hatje Cantz Verlag
Mommsenstrasse 27
10629 Berlin, Allemagne
www.hatjecantz.de

Une entreprise du groupe éditorial Ganske

ISBN 978-3-7757-4659-5 (français)
ISBN 978-3-7757-4650-2 (allemand)

Printed in Germany

Illustration de couverture
*La Maja vêtue*, 1800-1807, détail (p. 29)

Frontispice
*Autoportrait. Francisco de Goya y Lucientes, peintre*, 1797-1799
*Caprichos*, 1
Eau-forte, aquatinte, pointe sèche et burin, 21,7 × 15,2 cm (plaque)
Collection E.W.K., Berne

p. 4
*Le mannequin de paille*, 1791-1792
Huile sur toile, 267 × 160 cm
Museo Nacional del Prado, Madrid

Cet ouvrage paraît dans le cadre de l'exposition *Goya* à la Fondation Beyeler, Riehen/Bâle, du 10 octobre 2021 au 23 janvier 2022, qui s'accompagne par ailleurs d'un riche catalogue.

*Crédits photographiques*

La plupart des reproductions nous ont été fournies par les musées et collections désignées dans les légendes. Nous les remercions pour leur aimable collaboration. Les autres provenances, droits d'utilisation et auteurs des documents sont les suivants :

© Bilboko Arte Ederren Museoa-Museo de Bellas Artes de Bilbao : p. 51

Michael Bodycomb : p. 48

Dominik Büttner : p. 35

Christie's : p. 46

© Joaquín Cortes : p. 4, 22

Courtesy Galerie Kornfeld, Berne : p. 2, 20, 33 en haut

© Museo Lázaro Galdiano : p. 23, 41

© National Gallery of Ireland NGI.4539 : p. 36

© Photographic Archive Museo Nacional del Prado, Madrid : p. 4, 12, 13, 16, 21, 24, 29, 30, 43, 52-55

© RMN-Grand Palais (Musée du Louvre) / Thierry Ollivier : p. 34

© Sotheby's 2020 : p. 28